義足のアスリート山本篤

SUZUKI YUKO
鈴木祐子

TOYOKAN BOOKS

幼稚園時代。三人兄弟の真ん中。左が山本。
右は兄の昌臣。

子供の頃から運動神経抜群で、いつも元気いっぱいに遊んでいた。

高校2年の春休みにバイク事故を起こし、左足を大腿部で切断。しかし山本は義肢装具士の駒井和知の力を借り、義足を付けて再び走り始めた。

専門学校時代。この頃はまだ遊び盛りで陸上よりもスノーボードに没頭していた。

本格的に陸上を始める。初めて出場した関東身体障害者陸上競技選手権大会で好タイムを記録する。

陸上に夢中になった山本は真剣にパラリンピックを目指すようになる。だが2004年のアテネ大会を前に惜しくも選考から外れた。

2012年のロンドンパラリンピックでは、100m、200m、走り幅跳びに出場するもメダルは逃した。（アフロスポーツ）

2008年、北京パラリンピックに出場。走り幅跳びで銀メダルを獲得する。（アフロ）

2014年のインチョンアジアパラ競技大会では100m、走り幅跳び、4×100mリレーで金メダルを獲得。（左：長田洋平 / アフロスポーツ・右：アフロスポーツ）

走り幅跳びで自己ベストタイの6m62を記録するが銀メダルに終わる。表彰台で笑顔を見せるも悔しさが残る。
（アフロ）

2016年、リオパラリンピック。
4×100mリレー決勝に臨む山本。
（SportsPressJP/ アフロスポーツ）

4×100mリレーで奇跡の銅メダルを獲得して嬉しさのあまり全員でガッツポーズ。左から、芦田創、佐藤圭太、多川知希と山本。
（読売新聞 / アフロ）

迫力と美しさに満ちた跳躍。パラスポーツが健常者のスポーツを超える日も近い。（アフロ）

リオ後の凱旋パレード。山本は銅メダルと銀メダルの二つ。左は女子陸上の辻沙絵。
（長田洋平 / アフロスポーツ）

2017年2月、まさかのスノーボードクロスに挑戦。2018年にピョンチャンで開かれる冬季パラリンピックを目指す。
（日刊スポーツ / アフロ）

2016年、渋谷で行われたストリート陸上。路上にトレーラー5台をつないで走り幅跳びに挑戦する。山本のスピードと見事な跳躍に観客は大興奮。
（アフロスポーツ）

いよいよ本格的に東京へと始動。2017年の日本選手権で100m予選に出場する山本。
(Sports Press JP/ アフロスポーツ)

関東パラ陸上選手権。山本が見据える先には、2020年の東京がある。
(松尾 / アフロスポーツ)

同じく日本選手権での走り幅跳び決勝。さらなる高みを目指し続ける。
(Sports Press JP/ アフロスポーツ)

はじめに

「世界記録を跳んでみせる」

4年に一度の大舞台へと降り注ぐリオの初春の強い日射しは、山本篤《あつし》のエネルギーを満たすに十分だった。彼は今までも暑い試合で勝ってきた。

観客に手拍子を求め自分を鼓舞する。それに応えるスタジアムの観衆の喝采の中、山本は高まる熱気と興奮を味方に思い切って飛び出していった。

走り始めるとすぐ観客の手拍子が聞こえなくなった。踏み切り板の10メートルくらい手前でトップスピードに乗ったとき、ここまでの試技で一番のスピードだという感触があった。踏み切り足にぐんと力を加えると義足がたわみ、その反動からカーボンのブレードが伸びる。それと同時に足と腕を使って体を持ち上げ、勢いに乗って宙へと舞う。

「よし、これはいった!」


パラリンピック陸上の先駆的アスリート、山本篤。

2016年9月、ブラジル、リオデジャネイロで開かれたパラリンピックに彼の姿があった。左足にカーボン製の競技用義足を付けて走り、そして跳ぶ山本が目指しているのは世界の頂点に立つことだ。４年に一度開かれるパラリンピックに出場するのはこれが３回目だが、彼がこの世界最高の舞台で金メダルを獲ったことはまだない。

２００８年、初出場の北京パラリンピック走り幅跳びで銀メダルに輝いたとき、彼は義足の日本人陸上選手として初めてのパラリンピックメダル獲得という快挙を成し遂げた。ところが、その後頂点を目指す山本の前に、世界の壁は厚く立ちはだかることとなる。２０１２年に行われたロンドンパラリンピックでは金メダルどころか、出場した３種目で一つもメダルを獲れずに終わったのである。

世界一になること。それは彼が目指してきたたった一つの目標だ。そのゴールがようやく現実味を帯びてくるのは、陸上競技開始から11年目を迎えた２０１３年、リヨンで行われたＩＰＣ《国際パラリンピック委員会》世界陸上競技選手権の走り幅跳びで金メダルを手にしたときだった。その２年後、２０１５年ドーハで行われた同大会同競技でも優勝し２連覇を果たす。こうして迎えたパラリンピックイヤーの２０１６年、彼が至高の舞台で世界の頂点に立つ機は熟していた。

１９８２年静岡県掛川市で生まれた山本は、17歳のときに自身が起こしたバイク事故で左足を大腿から切断し義足になった。だが、足がなくなったからといって、大好きなスポーツを諦めるなどという選択肢はなかった。当時はまっていたスノーボードを再びやるのだという一心でリハビリに励み、切断手術からわずか9ヶ月足らずでゲレンデに復帰。失った足を想い泣いたのはたった一度だけという強靭な精神力の持ち主である。

彼の人生は進むべき道を決定づける運命的な出会いに満ちている。リハビリを指導した理学療法士、義足づくりを担当した義肢装具士、義足の走りを研究していた専門学校の先輩。不思議な巡り合わせに導かれるように競技用義足を手に入れ、義足で走る喜びを見出した山本は足の切断から約2年後、それが運命であったかのようにパラ陸上競技を開始することになる。

パラ陸上という言葉を聞きなれない読者のために少し補足しておきたい。障がいのある人たちが行うスポーツには障がい者陸上、障がい者水泳、障がい者スポーツなどといった呼称を使うことが多いが、私は健常者のスポーツと「パラレル」なものとして存在することを意味する「パラ」という語の入った、パラ陸上、パラ水泳、パラスポーツといった言い回しが気に入っている。よって本書では、障がいのある人たちが行う陸上を「パラ陸上」と呼んでいきたい。

パラスポーツには、それぞれの選手が持つ障がいの種類や程度の違いで勝負が決まってしまうことのないように、同程度の障がいの選手で競技グループを形成する「クラス分け」というシステムがある。山本が競うのはT42というクラス。Tは、走競技・跳躍競技であることを表し、40番台の数字は低身長、脚長差、切断、関節可動域制限、筋力低下等の障がいのある立位競技者のクラスであることを意味する。

特に42は片側もしくは両側の大腿部で切断し義足を装着して競技する選手、あるいは片側の膝関節の機能を失った選手のクラスだ。ちなみに、42より少し障がいの程度が軽いとされる43は、両側の下腿で切断し義足を装着して競技する選手などのクラス、44は片側の下腿部で切断し義足を装着して競技する選手などのクラスである。

パラアスリートのストーリーの多くが絶望の淵から這い上がった、あるいは苦難を乗り越えて復活した人々の物語として語られるが、そもそも山本が絶望したことは一度もない。障がいを負ったことは苦難ではなく、むしろ彼を未知の世界へと解き放ったターニングポイントであり、全霊をかけて取り組むに値する新たなチャレンジとの出会いだった。

だから本書では、苦しみの乗り越え方ではなくて、楽しくて仕方ないことを追い求める山本の無邪気な情熱から強く生きるためのヒントを得てもらえたら嬉しい。

山本篤はかっこいい。

それは彼が、バイク事故から立ち直った勇敢な人物だからではなく、矜持《きょうじ》と美学そして独自の哲学を持ち、世界の頂点だけをまっすぐに見つめる一流のアスリートだからだ。自身の存在を他のパラアスリートと分けるものを「覚悟」だと表現する山本は、多くのパラ競技が他のスポーツとは隔てられ慈善活動の一部と見なされがちな日本において、自分が「アスリート」であることを強く主張してきた。義足のスプリントが、義足のジャンプが本当に「かっこいい」のだということを独自のスタイルで体現してきた。だから、彼のジャンプはいつも美しい迫力に満ちている。

山本のアスリートとしての徹底ぶりは、彼が持つスポーツ選手とはまた別の顔によっても示されている。彼は国家資格を取得し自ら義足を自在に操る義肢装具士であると同時に、大阪体育大学でバイオメカニクスを学びスポーツ科学を熟知する研究者でもある。義足について、そして義足を使った運動について学ぶことは、パフォーマンス向上のための戦略であるだけでなく、自らについて知るということでもあった。

足を失った人間は義足を使っていかに速く走ることができるのか、いかに遠くまで跳ぶことができるのか。科学と技術を楯に彼が挑むその問いの答えは、前人未到の記録という人間の限界を超える可能性となって彼の前に現れ始めている。本書では健常者の陸上とは異なり、最新の科学技術とそれを使いこなす技量が試合結果を左右する義足競技を本格的に楽しんでもらうために必要な知識も存分に盛り込んだつもりである。

今、障がい者が健常者を上回るかもしれないというパラスポーツ史上、最もエキサイティングな時代に突入していると山本は見る。彼がカーボン製の義足を付けて走る姿を前に、目を輝かせ息を飲む子供たちがいる。

「可哀想な障がい者、頑張れ」というのではなく、革新的な純粋スポーツとして、パラスポーツのスピードや迫力を楽しむ時代が訪れようとしている。もちろんそこにはパラリンピックの意義の核に触れる議論もある。

それでも山本は障がい者に理不尽にも付された「可哀想」という既存のイメージを払拭しようとしている。障がい者という規範を脱し、パラアスリートがいかにかっこいいか、そしてその運動能力においていかに優れているかを見せつけようとしている。

本書は、数々の国際舞台で戦う中で、選手として、そしてパラスポーツに関わる者として見聞を広めた山本が、ロンドンに住む著者に思いの丈を述べることで実現した一冊である。日本とイギリスという約1万キロの距離と9時間の時差を、インターネットを介したコミュニケーションでつなぎ紡がれた本書が、山本が願う通り日本のパラスポーツ界、あるいは日本社会の固定観念にとらわれることなく書き上がっていると信じたい。

これから2020年東京パラリンピック開催に向けてパラスポーツ、そして共生社会のあり方について多くの議論が交わされることになるだろう。この本で触れることができた観点はわずかだが、山本と私がときに1万キロの距離も忘れて熱く討論したように、この本をきっかけによりエキサイティングなパラスポーツのあり方や、スポーツを通して障がいの見方を変えられる可能性についてのさらなる議論が開かれることを願ってやまない。

覚悟を決めたアスリートがパラリンピック金メダルを目指す、その道のりを辿りながら彼の美学と哲学を探究する本書が、生き方に迷う人、強さを求める人、スポーツを志す人、そしてこの社会のあり方を真摯《しんし》に考えるすべての人に届けば嬉しい。

『義足のアスリート　山本篤』

目次

第1章
17歳の春の出来事

山本が左足を失ったのは17歳の終わりの春のことだ。

高校2年の3月初旬。入試が行われるため学校が休みになり、体育館が使えないので所属していたバレーボール部の練習も休止になった。「これは絶好のチャンス！」と思った山本は、仲の良い友人たちと一緒に3日間のスノーボード旅行に出かけることにした。

小学校低学年の頃から家族でよくスキーに出かけていたが、中学1年から始めたスノーボードの腕前も5シーズンの練習を積んでかなりのものになっていた。自分よりも下手な友達から教えてくれとせがまれると、嬉しい気持ちを隠して、

「え、面倒くせえなあ。でも仕方ないから教えてやるよ」

と尊大に返事したものである。高度なジャンプも華麗にこなし、自意識を満たしてくれると同

時に、優越感にも浸れるこのスポーツに山本は相当ハマっていた。

長野のスキー場での楽しい一時を過ごした後、部活が再開される日の朝、夜行バスで自宅に戻ってきた。なんだか喉と鼻の調子がおかしい。どうも風邪をひいたようだ。熱を測ってみると微熱がある。拗《こじ》らせないうちにとその日の午前中、病院に行き薬をもらった。午後は予定されていた部活の練習に出るため、昼食をとり処方された薬を飲むとすぐにスクーターに乗って学校へと向かった。

家を出て5分も経たないうちの出来事だった。居眠りをしていたのか一瞬意識を失った。なだらかな右カーブを流れるように進むスクーターの上でふと目を開けた瞬間、突然白いガードレールが目の前に現れた。それがすごい勢いで自分に向かって近づいてくる。迫ってくる白い物体を避けようと咄嗟《とっさ》にハンドルを切ったがすでに遅かった。

気がつくとガードレールを越えて、歩道の上に仰向けになって倒れていた。起き上がろうとして体を動かしてみるが左足が動かない。いや、動かないだけではない。尋常ではない痛みが突き抜ける。手を伸ばしてズボンの上から問題の足にそっと触れてみる。よくはわからないが膝下の骨が折れているような気がした。

「やべえ、事故った。足折れた」

過去にも骨折した経験はあった。だがそのときと比べてみても今回の痛みは度を超えている。

「これはひどい骨折をやったな……」

そう思いながら、ポケットから携帯電話を取り出すと自宅へ電話をかけた。意外にもその声は落ち着いていた。

「もしもし、お母さん？　スクーターで転んで、骨折した」

自分の居場所と状況を簡単に説明する。

「わかった。お父さんもいるから、すぐ行くね」

その日は父親もたまたま自宅にいたため、両親二人が車で現場に急行することになった。

下校途中の小学生の集団がスクーターの脇に倒れている山本を見つけて騒ぎ立てた。

「事故だよ、事故！」

「大丈夫？」

「救急車、呼んだほうがいいんじゃない？」

騒ぎに気付いて他の小学生たちも集まってきた。気を利かせた子供たちが救急車を呼んだが、救急隊員が姿を現すよりも早く両親が現場に到着した。二人がかりで山本を抱きかかえ車に乗せようとする。ところが体を動かした瞬間、山本の左足に激痛が走った。

「動かさないで！　足、痛すぎるから」

苦痛に悶《もだ》える息子の訴えに両親は何もできず、救急車が来るのをただ待つしかなかった。いつしか野次馬の人だかりが三人を取り囲んでいた。

ひどい痛みを訴える山本の怪我の状態を気にかけると同時に、母親がもう一つ心配していたことがある。校則で禁止されているスクーターで事故を起こしたことが学校に知れたら、息子の将来に影響が及ぶかもしれないということだ。山本の通っている掛川西高校ではバイクの免許を取ることが禁じられていた。

「学校にバレたら、大変なことになるかも」

不安を父親に漏らす。

「そうだな、どうしようか」

両親が思案を巡らせているとき、たまたま通りがかりに野次馬を見た父親の知り合いが、三人に気付いて声をかけてきた。

「どうしたんだ。事故か。大丈夫か」

「バイクで事故を起こしてしまったんだけど、学校にバレたらどうしようかと思って……」

母親が不安げに打ち明けると、知人の男性はこう言った。

「うちに軽トラがあるから、それを持ってきてバイクを片付ければいいんじゃないか?」

すぐに父親がその男性と一緒に軽トラックを取りに行くことになった。

二人が現場を去った後、しばらくして救急車が到着した。プロの手に委ねられた山本は、その救急車で病院へと搬送された。母親は救急車を追って車で病院へと向かった。

間もなくして軽トラックとともに事故現場に戻ってきた父親は、辺りが静まるのを見計らって荷台にバイクを積み込むと速やかに現場を後にした。何事もなかったかのように片付けられた現場には、ガードレールの少しの歪みの他に事故の痕跡は何も残されていなかった。警察にも自損事故だから何もしなくていいと告げ、この事故に関する公式な書類も残されることはなかった。

自宅に持ち帰られたスクーターには、驚くべきことに事故の衝撃を物語るような損傷は何もなかった。表面にほんの小さなかすり傷がついていただけだった。

父親が事故現場の片付けを終えた頃、山本は病院の青白い光に照らされて診察台の上に横たわっていた。側にいた看護師が山本の着ていたジャージを指して尋ねる。

「これ、切ってもいいですか?」

「ダメです！　切らないでください」

「え?!」

随分とひどい怪我をしているように見えるこの高校生の強い主張に、看護師は不意を打たれた。普通なら患者はこんなところで抵抗したりしない。「はい」と従順に返事して治療させるのが常だ。

だがこの白いジャージは山本のお気に入りの一着だった。自分でお金を貯めて買ったサーフ系のメーカーのものでまだ新しい。事故でぼろぼろになってしまったのなら諦めもつく。だが、体の痛みに反して特段傷んでいないように見えるジャージは、洗えばまだ着られるような気がした。

「これは切らないで脱がしてください」

しっかりとした声で再び繰り返す。お尻だけ上げれば脱がしてもらえるだろうと、なんとか診察台から腰を浮かせ懇願した。その姿を少し滑稽に思いつつも意を察した看護師はジャージを傷めないようにうまく脱がせ、後で患者に返却できるようにと丁寧に保管した。さすがにその下に着ていたスウェットは切られたが、こうしてお気に入りの白いジャージは救われることになったのである。

バイクと同様ジャージにも傷みがほとんどなく、小さな穴が開いていただけだった。バイクや服に損傷がある場合のほうが人間の体へのダメージが少ないものだと後で看護師から聞かされたが、不運にも事故のインパクトはすべて山本の左足が受け止めていたのだった。

ガードレールにぶつかった衝撃で山本の左脛骨《けいこつ》は粉砕骨折していた。治療のためにまずは踵《かかと》に穴が開けられ、ボルトで固定して牽引することになった。牽引でしばらく様子を見ることになっていたが足の腫れがひどく、破裂を防ぐため事故から2日後に切開手術が行われた。さらにその3日後には詰まった血管に血液が流れるようにするためのバイパス手術が行われた。神経までもが切断されていたため山本の足先に感覚は全くなかった。

バイパス手術から1週間が経ったが、術後の経過は芳しくなかった。

「もしかすると足を切断する必要があるかもしれません」

医師からそう告げられた。

足の切断。それは山本にとってあまりリアリティのない言葉だった。

経過観察を続けるものの左足は一向に良くならない。時折触れたり叩いたりしてみるが、何も感じることはない。それどころか無感覚のままの左足は次第に冷たくなり、壊死してきているのか青紫に変色し始めていた。

とにかく血液が流れるようになることを祈りながらまた1週間が過ぎた。医師に診察してもらうと大腿部の動脈が詰まって血流が阻害されているという。祈りも虚しく血液は流れてくれなかった。結局医師から足を切断しなければならないことを告げられた。

ほんの3週間ほど前まで健康を絵に描いたような高校生だった山本。元気で活発でスポーツ万能だった彼に、突然足を切断すると言っても、その意味を現実的に捉えられるはずもない。手術に先立って医師から説明があった。切断しても義足を使えば今までと変わらない生活ができること、膝から下の部分を切っても、膝が残っていれば義足を使うのがあまり難しくないことなどである。詳しいことはよくわからないが、その話を聞く限り悲観する必要は特になさそうだと思った。

事故から22日目。左足を下腿部で切断する手術が行われた。医師から膝が残るのは良いことだと聞かされていたので、膝下の切断は不幸中の幸いと家族はとりあえず安心した。

だが手術を終えた山本の状態は不安定なままだった。手術室を出てきた医師はこれが最後の手術ではない可能性があることをほのめかしていたが、その言葉が不吉な予言であったかのように、翌日になっても病院のベッドに横たわる山本は40度の高熱に苦しんでいた。

普段元気の良い息子が力なくベッドで眠る姿を心配そうに見守る母親に、一人の看護師が尋ねた。

「切断した足はどうされますか？」

「どうされますか、って……」

切断した足。一体普通はどうするものなのだろう。医療廃棄物として処分するものなのだろうか。つい昨日まで息子の一部であった足をそのまま捨ててしまうというのはなんだか残酷な気もするが、それ以外にどうしていいかもわからず母親は看護師に聞き返した。

「どうしたらいいものですか？」

「それなら火葬場に持って行って火葬してあげてください」

そう言うと彼女は切断した足の入った医療用の細長いダンボール箱を持ってきて手渡してくれた。

人が亡くなったわけではないから花や水をあげる必要はないが、火葬した骨は保存の利く缶の中に入れて、遠い将来本人が亡くなったときにその遺骨と一緒にしてあげるのがいいという。今は離れ離れの足と体がまたあの世で一緒になれるように大切に保管しておくという考えだそうだ。

母親は友人とともに火葬場に出向き、山本の左足を火葬した。残った灰は爪先、踵、と足の形がわかるように、ディズニーの絵柄が描かれた大きめのクッキー缶の中に入れた。低いところではなく高いところに置いておくのがいいというので、その缶は自宅の寝室のタンスの上に置かれることになった。

切断手術から数日経っても山本の状態は良くならない。40度の熱がなかなか下がらず座薬と注射を繰り返す日々。薬が切れればまた熱がぶり返してくる。だが次の座薬を入れるまでに十分な時間を空けなければならないため、苦しくてもひたすら待つしかないことも多かった。貧血で輸血されるような日もあった。炎症を緩和するために菌を洗浄する処置も行われたが、これは耐えがたい激痛を伴った。どうすることもできず、ただ黙って痛みと苦痛に忍び耐えるしかなかった。

だが、高熱や激痛がどれだけ彼を苦しめても、山本が精神的な落ち込みを見せることはほとんどなかった。物理的な苦痛を訴える以外、不安や苦悩を口にすることはない。そんな姿を日々見ていた病棟の看護師たちはこんなふうに話していた。

「山本くん、足切ったのに全然泣かないよね」

「そうそう、むしろ元気なくらい。足を切った子たちは普通みんな泣くのに」

両親でさえも山本の淡々とした精神状態を不思議に思っていた。あるとき父親は、母親にこう漏らした。

「篤、俺の前では泣かないんだよ」

たとえ男親の前で涙を見せないとしても、母親の前では本心をさらけ出しているはずだと思っていたのだ。強がっているに違いない息子の気持ちを少しでも母親から聞けたらと思って言ったつもりだったが、意外にも母親はこう答えた。

「私の前でも泣かないのよ」

山本は心配する家族の前で何度も同じ言葉を繰り返していた。

「自分で起こした事故だから、誰かにやられたわけじゃないから、自分だけが悪いのだから、誰も何も恨まない」


切断手術から何日か経ったある晩のこと。また解熱のための座薬を入れてもらい、薬が効き始めて少し落ち着いてきた頃だった。一人病室の天井を見上げていると、突然胸に何かが込み上げてきて涙が止まらなくなった。嗚咽《おえつ》のような声に気付いた看護師が山本の様子を見に病室にやってきた。

「どうしたの？　大丈夫？」

「……」

泣いている理由を聞かれても、説明できるような感情は心のどこにも見つからなかった。悲しかったのか、怖かったのか、あるいは悔しかったのか。自分でもなぜ泣いているのかわからない。その感情がなんなのか、自分でも問いかけてみるが、唐突に込み上げてきたものは悲嘆でも、後悔でも、憂いでもなかった。ただ波のように胸から喉を伝って押し寄せる何かに圧倒されていただけだ。

なだめても泣き止まない山本の傍らに立ち尽くして、不安になった看護師は夜勤の医師を呼びに行った。しばらくして看護師が医師とともに再び病室に戻ってきたが、医師が話しかけても山本が泣き止む気配は一向になかった。

彼らのかけるどんな言葉も山本には届いていなかった。誰かに優しく慰めてもらいたくて泣いていたわけでもなかったし、慰められたからといって自分の前に突然突きつけられた現実のすべてを受容できるわけでもなかった。そもそもそれがどんな感情に由来するのかもわからない。ただ胸の奥底にできた池の中に溜まった水が泉のように湧き出していた。溢れ出る涙に任せてその夜山本は4時間もの間泣き続けた。

いつどうして泣き止んだのか、その後の記憶はない。おそらく泣き疲れた子供のように眠りに落ちたのだろう。病室の窓から射《さ》し込む穏やかな春の陽光を瞼《まぶた》に感じて目が覚めた。胸の奥から込み上げてくるものはもう何もなかった。昔から寝れば悩みは解消しているという、得な性格だ。

朝一番に山本の様子を見にやってきたのは、彼が前から気に入っていた美人看護師だった。

「おはようございます！」

思わず笑顔で仕事をするその看護師の横顔を見つめてしまう。美人に容態をチェックされて心が躍る。

「この看護師さん、ホント綺麗だよなあ」

その朝山本が考えていたことは、本当にそれだけである。

彼が足を失ったことを理由に泣いたのは、後にも先にもこのとき一回きりだった。

下腿切断の手術で残された膝は、一向に動くようにはならなかった。それどころか熱もなかなか下がらない。日々続く高熱が苦しくて早くどうにかしてほしい、とにかくこの状況を打開したいという思いばかりが募っていった。医師から大腿部で足を切る二度目の切断手術の話が持ち出された。一度目は膝より下で切ったわけだが、今度は膝より上の部分で再度切るというのである。

下腿切断の手術の前に、膝が残るのは良いことだと医師から説明されていたが、ここに来てその真意を知ることになった。なぜ膝下で切るほうがよいのか。それは膝より上で切断した場

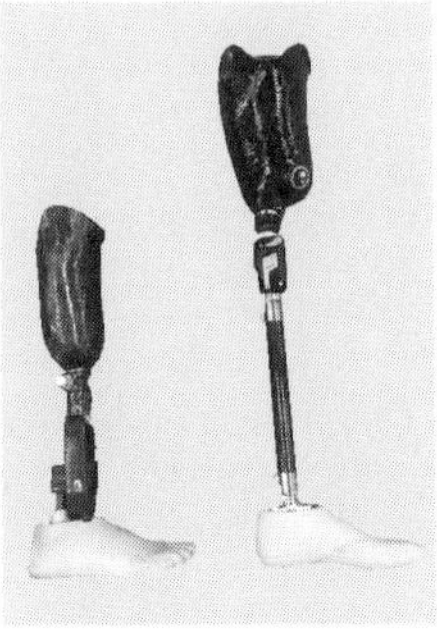

下腿義足と大腿義足

合に使われる膝関節の役割を果たす部品のついた義足は、下腿切断者のための義足に比べて扱いが難しい、そのため歩けるようになるのにも時間がかかり、様々な運動をするに当たっても下腿義足に比べて自由が利かないからである。

だが熱に苦しむ山本にとってそんな違いは正直どうでもよかった。膝下だろうと膝上だろうと、実際のところはよくわからない。この状況を打開するためならなんでもしてくれて構わないと思った。

最終的に医師の判断によって大腿部で足を切断する手術が行われることになった。

良くなるためならなんでもよいと思っていた山本だが、扱いが難しいと聞いた大腿義足について一つだけ気になることがあった。手術の直前、山本は病室にやってきた若い医師を捕まえて尋ねた。

「先生、俺、膝切ってもスノボってできますか？」

何より気がかりだったのは、当時夢中になっていたスノーボードをまたやることができるのかということだった。それに比べれば不自由になるかもしれない生活の他の側面などは些細なことにすぎない。

「ああ、スノボか。よくわからないなあ。でも、スキーは間違いなくできるよ」

若い医師は率直に返答した。

「なんでですか?」

山本は目下最も急を要する重要な答えを求めて食い下がる。

「義足を付けてやっているのを聞いたことも見たこともある。だから大丈夫だと思う。でも、スノボは実際に見たことがないからよくわからないな」

山本はこれまで一度も義足の人に出会ったことがない。だから足がないというのはどういうことなのか、義足とは何なのか、義足になったらどんな生活になってしまうのか、全くイメージができなかった。

何より知らないということが一番の不安材料である。まだまだ可能性の溢れる17歳。足を失ったことで、これからどれくらい大好きなものへの犠牲を払わなければいけないのか、それを真っ向から知っておく必要があった。

「俺、スポーツが大好きなんです。この先義足になったからって、スポーツをしないで生きていくなんて考えられません」

山本の懸念に反して、答える若い医師の声の調子は明るかった。

「足がなくても全然大丈夫だよ。車の運転もできるし、バイクも改造すれば乗れるかもしれない。義足を付ければしっかり歩けるようにもなるし、頑張れば走れるようにもなる。そう、最近陸上選手として走っている人もいるんだよ」

山本が足を失ったこの年はちょうど2000年、シドニーパラリンピックの年だった。医師の頭にあったのは、その数ヶ月後シドニー大会に出場する古城《こじょう》暁博《あきひろ》のことである。古城は大腿切断のクラスT42の選手で、山本と同い年でもあった。

今まで車椅子などの種目でパラリンピックの陸上種目に出場した日本人選手は古城が初めてだった。義足のスポーツが日本でもようやく知られ始めたこの時期に山本が切断手術を受けることになったのは運命だったのかもしれない。義足を付けて本気で走ったりスポーツをしたりしている人がいる。それを知ったことは山本にとって大きな希望となった。

「走っている人がいるなら、自分が義足になってもスポーツはできるだろう。スキーをやっている人がいるのだったら、スノボだって頑張ればできるはずだ」

心の曇りはあっという間に晴れた。

下腿切断の手術から2週間後、膝上で切る大腿切断の手術が行われた。切断部は痛むものの手術が功を奏し熱が引いた。

その数日後の4月19日。山本が18歳の誕生日を迎えたこの日、事故から1ヶ月以上にわたって体中に付けられていたチューブが外された。誕生日を祝いに来た大勢の友人たちと戯れながら大笑いし、大騒ぎする。度重なる手術と高熱、痛みに耐えた末、やっとトンネルの先の光が見えたような1日。スポーツ万能で活発な山本がベッドに縛り付けられていたフラストレーションの反動は凄まじかった。誕生日祝いにはしゃぎすぎた彼は、手術からの順調な回復にもかかわらず、翌日疲れすぎてまたベッドから起き上がれなくなってしまったのである。

今や短く切断された左足をベッドの上に投げ出してみても山本は平気だった。スノボができなくなるかもしれないという不安はもう消えていたからだ。

「よくはわからない。でも、なんとなくできる気がする」

根拠のない自信は、ときに人を本当に強くする。

第2章 再びスノボをするために

事故から1ヶ月以上もの間、ずっとベッドに寝たきりの状態。そこから通常の生活ができるように体を慣らしていくのは一苦労だった。横たわった姿勢からリクライニング式のベッドを90度まで起こしてくるだけで、慣れない血流に反応した山本の体は起立性低血圧に陥る。貧血のようなふらふらした感覚に耐えきれず、思わず看護師に叫んで訴える。

「おろしてください!」

初めはそこからのスタートだった。普通に起き上がれるようになるまでに3日を要した。ようやくベッドから出られるようになると車椅子に乗せられた。車椅子に乗って病室のまわりを動き回る。それも不自由なくできるようになると、今度はリハビリ室へと行くことになった。

看護師に連れられて向かったリハビリ室で紹介されたのは、岡部敏幸という理学療法士である。空手をやっているというその男性は体格がよく短髪で、山本は一目見て「怖そうな先生だな」と思った。

一方岡部は、初対面の山本に「やんちゃ小僧」という印象を持ちつつも、掛川西高校の後輩だと知って親しみを持った。切断の原因はスクーターでの事故だと聞かされていたが、進学校である掛川西高で免許を取るのが禁じられていることは岡部もよく知っていた。

「あの高校って免許取っちゃダメだよな」

分別ある大人のふりをして山本に話しかける。

「はい……」

先輩の問いかけに少したじろぐ山本。だが岡部は次の瞬間にはにんまりと笑ってこんな告白をした。

「まあ、俺も取りに行ったんだけどな」

岡部は高校時代角刈りの応援団部、校則違反の経験ももちろんあった。自分自身が禁じられていたバイクの免許も当然のように取りに行く生徒だっただけに、粋がっていた山本の気持ちもわかる気がした。似た者同士二人の出会いだった。

リハビリはまず車椅子から立ち上がり、平行棒の間に立つことから始まった。リハビリ室の平行棒の正面には大きな鏡が置かれている。平行棒に摑《つか》まり立ち上がった瞬間、鏡の中に左足のない自分が立っているのに気付いた。もちろん切断手術の後も自分の足は毎日見ている。短くなってしまった足も、何度となく見ているうちに慣れて今や普通のことになっていた。だが、立ち上がった自分の全身を見るのは初めてだった。鏡の中に映った自分を見るのと、下を向いて直接自分の足を見るのとは全く違った経験だった。

自分の体として感じる左足損失の事実には、ある程度気持ちの整理がついていたのかもしれない。しかし片足のない男が鏡の中に立っているのを見たとき、初めて足がない自分を客観視せざるを得なくなった。

「マジか……。本当にないんだ。俺ってやっぱり足なくなったんだ」

ショックだった。切ないような、悔しいような思いが山本の体を駆け抜けた。自己イメージを否定する自らの客観像を前に、自分には足がないという認識とその承認を請う鏡は残酷だ。そこに映し出された幽霊のような足のない存在が自分だと認めなければならないことは、恐怖と同時に落胆でもあった。山本はしばらく鏡の前に立ち尽くしていた。

「はい、歩くよ！」

練習を促す岡部の勢いある声で我に返る。厳しい理学療法士の前では、感傷に浸っている暇は与えられなかった。鏡の像から、平行棒を握り締める自分の手に目をやった。このリハビリ室で求められていたのは、文字通り足を踏み出して前に向かって進むことだけだ。

平行棒での練習が終わると続けざまに松葉杖を渡された。今度はそれを使って歩く練習。松葉杖を地面につき右足で一歩を踏み出そうとする。だがまだ慣れていない山本は一瞬ふらついて転びそうになる。するとすかさず厳しい岡部の声が飛ぶ。

「違う、脇しめる！」

松葉杖をついては足を出し、またついては足を出す。

その一歩に集中しているとき、衝撃や悲しみが入り込む心の隙間はない。必死になって体を動かしているとき、将来のことを考えて不安になるような余地はない。再び歩き出すために無心になって足を出す。弱った体を叱咤《しった》して腕や残された足に重みを感じると、亡霊のように山本を襲った片足の自己像はいつの間にか消滅していた。

山本が足を失った自分を悲観したのは、鏡の前に立ちすくんだその一瞬だけである。くよくよしている余地などないほど岡部のリハビリのメニューと指導は厳しかったのだ。山本は今でもそのことに感謝している。

リハビリが始まるとベッドに横になっている時間はほとんどなくなった。もともと大人しくじっとしていることが苦手な山本は、病院から外に出られる日を心待ちにしていた。松葉杖がうまく使えるようになるとやっと病棟から出られるようになり、やがて外泊の許可も出されるようになった。5月に行われるバレー部の大会に友人たちの応援に行くのだという目標を立てると、それもまたリハビリに励むよいモチベーションとなった。何かやりたいことが見つかると山本はまっしぐらにその目的遂行のために突き進む。そしてそれ以外のことは悩みごとでさえもどうでもいいと忘れてしまう得な性格なのだった。

横になってばかりいる間にすっかり落ちてしまっていた足の筋肉を元の状態に戻すために、歩行練習とは別の筋肉トレーニングも行われた。まずは切断した左側の足から。仰向けに寝た状態で太腿を股関節から上下に動かす。それが終わると次はうつ伏せになって後ろ側に向かって伸ばす。最後に横向きになって外側に向かって開く。それぞれ10回ずつの3セットが岡部から課された。

もともとはつながっていたはずの骨や筋肉が途中で切断された足を動かそうとすると、筋肉にどのように力を加えればいいのかがわからない。足が爪先まであったときの筋肉とは感覚が違うのである。骨の先端と皮膚の間に肉が挟まれて痛いという問題もあった。そこで切断で残った足の部分、断端《だんたん》に弾性包帯をしっかりと巻きつけて骨と筋肉、皮膚の位置を固定してトレーニングを行うことになった。こうして圧迫感を与えることによって筋肉に力を入れやすくするのである。

切断していない健足も入院中に筋肉がなまってしまっていたため、元に戻すためのトレーニングが課された。こちらはエアロバイクにまたがって、片足だけで漕ぎ続けるというものである。

岡部は理学療法士として様々な切断患者と付き合ってきた経験から、肢体の切断によって仕事にさえ就けないことがあるという現実も知っていた。この若い患者には切断をコンプレックスに生きていってほしくない。同世代の子たちがやっている様々な活動をまたやれるようになってほしい。将来は自立して生活していってほしい。そう思うと、山本に与えるリハビリのメニューは自然と通常よりもハードなものになってしまうのだった。

山本がトレーニングを楽にこなせるようになってきたのを察知した岡部は上げ下げしている彼の断端に手で負荷をかけ始めた。最初は軽いプレッシャーという程度だったが、段々とその重みは増していく。

「はい、続けて」

何事もなかったように軽い口調で声をかける岡部。山本は黙って足を動かし続ける。すると負荷が少し重くなる。それでも無言で続けているとさらに圧力が加えられた。それもクリアできるようになると、

「これを付けろ」

と砂袋が渡された。最初は100グラムの重りが導入され、日を追うごとに200グラム、500グラム、そして1キロと負荷は増やされていった。

エアロバイクも初めは心拍数が80を超えるくらいで軽く漕ぐところから始まったが、100、120と上げていくように岡部からの指示が飛んだ。楽なトレーニングというのは基本的に許されなかった。

回復直後は車椅子や松葉杖を使って動き回っていた山本だが、リハビリを開始して1ヶ月ほ

ど経った頃、この先日常生活で必要となる義足を作ることになった。山本の義足づくりを担当することになったのは掛川病院と契約を持っていた松本義肢製作所の若い義肢装具士、駒井和知である。義肢装具士というのは義足や義手、腰痛や脊椎骨折患者のためのコルセットを作ることを生業とする人たちだ。

切断の精神的ショックを消化しきれない状態の患者に会うことの多い義肢装具士は、患者への接し方に非常に気を使う。駒井も事前情報から患者の性格をできる限り把握し、それに合った対応をするよう心がけていた。まだ現場に出て5年目という若い義肢装具士。駒井は山本との面談に備えようと岡部から可能な限りの情報を聞き出した。

岡部によると山本はバイク事故で大腿切断した高校生だという。それを聞いた駒井はまず「柄の悪い奴に違いない」と勝手に想像した。だがよく話を聞いていると通っているのは東大に行く生徒もいる進学校の掛川西高校だという。思春期の高校生、進学校、バレー部、スクーター事故、大腿切断。

「一体どんな奴なんだろう?」

様々な想像を巡らせながら駒井は山本のいる病棟に電話し、本人と会う約束を取り付けた。整形外科の外来診察室の隣に設けられたギプス室で待つ駒井。そこに松葉杖をつきながら現れた山本は、引き戸を開けるなり大声で挨拶した。

「よろしくお願いしまーす!　山本篤です‼」

「おお⁉」

駒井の思案を他所に、小柄で華奢《きゃしゃ》な若者がエネルギッシュに部屋に入ってきた。

「この子はもう吹っ切れているのか、それとももともと明るい性格なのか？」

駒井は当惑した。でも、とにかく今までの切断患者のイメージとは程遠い、影も屈託もないその表情と前向きな態度にある意味安心したのも事実だった。手術から間もないのにこんなに晴れやかな患者には今まで出会ったことがない。

だからといって、無理して明るく振る舞っているふうでもない。自分の目の前に現れたこの元気な若者は足がなくなったことを微塵にも悲嘆していないようだった。

山本はそのエネルギーの漲《みなぎ》る声で駒井にこんなお願いをした。

「俺、どうしてもスノボがしたいんです。またスノボができるようにしてください！」

「スノボかあ」

駒井は一瞬考えた。両足のある人でも誰もができるというわけではないスノーボード。それを義足でできるようになるのだろうか。それは駒井にもわからなかった。

「そんなのできるかなあ？　ちょっと約束できないけど……」

言葉に詰まる。だが、この明るく元気な若者を落胆させたくない。少し考えて駒井はこう言った。

「でも、走るのはいけるんじゃないか」

大腿切断手術の前に若い医師が言っていたのと同じだった。義足でスノーボードをやっている人というのは聞いたことがない。だが日本でも義足で走っている選手がいることは駒井も知っていた。海外に行けば他にももっと走っている選手がいる。ならば山本が走れるようになるというのもそれほど現実離れした発想ではないはずだ。

だが「走れる」とは言ったものの、駒井はまだ切断患者を走れるようにした経験はなかった。どうやって彼を義足で走れるようにするのか。そのためには、駒井のほうにも準備が必要だった。

膝より上の大腿部から切断した患者が使う大腿義足というのは、簡単に言うと3つのパーツから成っている。

上から順に切断して残った断端を収納する「ソケット」、膝の役割を果たす「膝継手」、そして人の足の代わりになる「足部」である。それぞれのパーツには異なる種類のものがあり、使用する人の活動パターンや活動レベルに応じて最も適したものが選ばれる。

駒井が山本の義足をどのように作ろうかと考えていたとき、あるひらめきがあった。当時、大腿切断の患者には「四辺形ソケット」と呼ばれるソケットを使うのが一般的だった。多くの患者に使われてきた実績もあり、義肢装具士たち自身もこの形のソケットは扱い慣れていたのである。だが山本が今後スポーツをやりたいと言っていることを考えると、駒井には「坐骨《ざこつ》収納型ソケット」という別の形のソケットを使ったほうがいいように思われた。

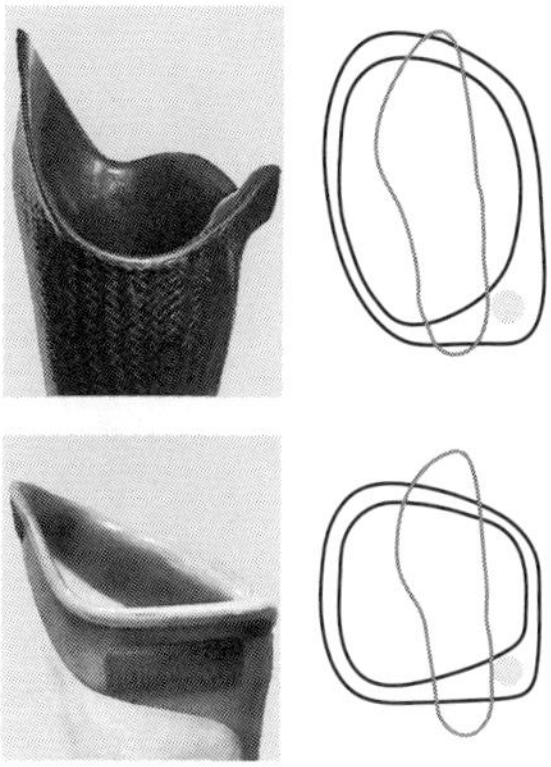

坐骨収納型（IRC）ソケットと
四辺形ソケット

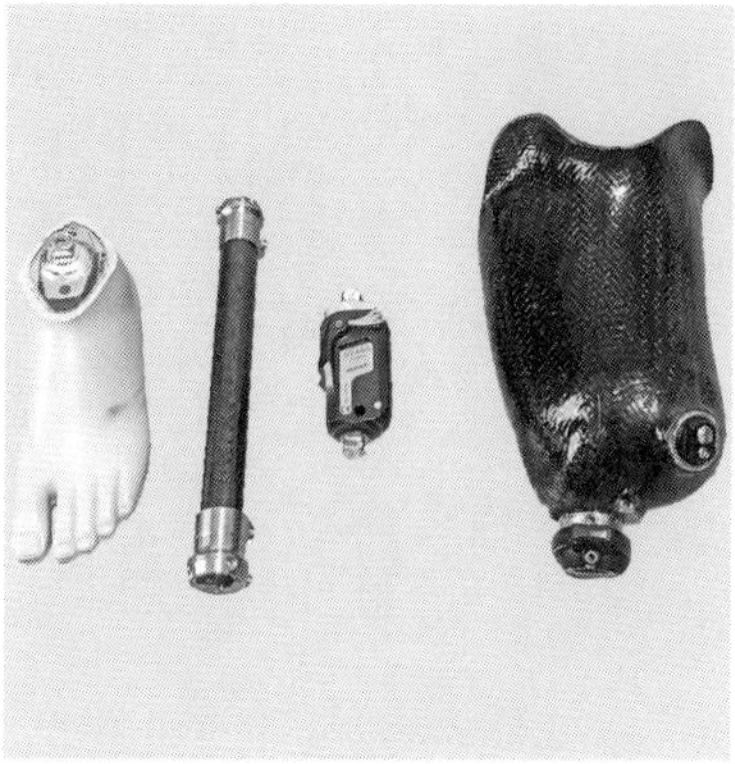

義足のパーツ。左から足部、
アダプター、膝継手、ソケット

坐骨収納型にはソケットの淵に、大腿骨の外側の突起である大転子《だいてんし》と坐骨の両方を支えるための盛り上がった形状が施されている。坐骨を支えるための作りは四辺形ソケットにはないもので、走ったりスポーツをしたりという激しい運動をするときには左右方向への安定性が増しソケットがぶれにくくなるため効果的なのである。

坐骨収納型は10年ほど前に日本に入ってきたばかりのソケットで、義肢装具士たちの間でもまだあまり広くは知られていない技術。もちろん義肢装具士の学校でもこのソケットの作り方は教えられていなかった。

だがこの道に入って5年目、自分の技量を試してみたい時期でもあった駒井は、山本のためにこの坐骨収納型ソケットを作ってみることを決意した。幸運だったのは駒井が勤める松本義肢製作所では新しい技術を取り入れようという風潮が強く、坐骨収納型ソケットの型取りの手順を示す教材ビデオがあったことだ。そこで駒井は同僚と二人そのビデオを何度も注意深く見て研究し、試行錯誤を重ねながら山本のソケットづくりを始めた。

断端と義足をつなぐソケットももちろんだが、走るためには膝にあたる部分の選択も非常に重要だ。義足が地面に着くときに、膝の部分からカクっと急激に折れて転倒してしまう「膝折れ」という現象が起こることがある。これは大腿義足の使用者が最も恐れることだ。そのため膝折れを防ぐためにコンピューターで制御するシステムを組み込んだ膝継手も市場には出回っていた。だが膝を曲げる過程を機械任せにすると、歩くことはできても走るところまではいかないというのが駒井の見解だった。

断端で義足を振り上げ、膝が折れないように地面に着地させ、また振り上げるというプロセスを自力で繰り返して習得し、コントロールできてこそ走れるようになる。よって山本の膝にはコンピューター制御の機構がないシンプルな膝継手が選ばれた。オットーボックというドイツの会社が出している3R45という製品である。足を前に振ったときには油圧がかかり足が振り上がりすぎないよう抑制されるが、接地のときには自分でコントロールしなければ膝折れするかもしれないという扱いの難しいものである。コントロールするためには機械に頼らない分体の筋肉を使うことになるわけだが、自分の身体で操る自由度が増すため、うまく使いこなせるようになれば走るなど複雑な動きを実現することが可能だ。

5月末日、仮の義足ができ上がってきた。初めて付ける義足。断端をソケットに入れてみる。だが自分の足が正しく収まっているのかどうかよくわからない。とりあえず断端をソケットに突っ込んだ状態で平行棒に支えを求めながら、おそるおそる立ち上がってみた。しかし断端の収まりが悪かったようでどうも心地が悪い。ソケットに対してどのように体重をかけてバランスをとればいいのかもわからない。

闇雲に動いているうちに、ソケットに当たっていた断端の縫い目が切れて血が滲み出た。痛くて立つことができない。一度外して駒井に少しソケットを修正してもらった後、再び付けて立ち上がる。両手で平行棒を摑んでなんとか歩こうとするが、硬いソケットの中に入った足は圧迫され、その慣れない感触への違和感はしばらく拭い去れなかった。

それから毎日、できるだけ痛みを感じない力のかけ方や、膝から折れて転倒しないようなバランスのとり方を工夫しながら、歩く練習を重ねていった。義足ができ上がってから1週間も経つ頃には、平行棒がなくても手離しで歩けるようになっていた。大腿切断患者がこんなにも早く手離しで歩けるようになるのは見たことがないと駒井は驚いた。もともと運動神経がよく勘もよかっただけに、義足の使い方をマスターするのも早かったのだろう。

「義足を使えば本当に歩けるんだ」

その発見は山本の気持ちを明るくさせた。初めは10メートル歩くのが精一杯だったが、徐々にその距離は伸びていった。練習を重ねれば重ねるほどうまく歩けるようになる。この手に取るようにわかる日毎の進歩は彼にとって快感だった。そして義足で歩けるようになったことで、再びスノーボードをするという目標に少し近づいた気がした。

一度退院した後、再入院してリハビリを続けていた山本だったが、義足の使い方がうまくなったからと2週間もしないうちにまた退院させられ、通院でのリハビリに切り替えられた。

駒井は山本の飲み込みの早さにいつも驚かされた。また義足に修正を加えるときの山本のフィードバックの素直さにも驚いた。前評判から想像していた柄の悪い奴とは大違いである。多くの患者は義足が圧迫する臀部《でんぶ》の痛みや皮膚の張り、さらにはうまく歩けないことを義足のせいにする。だが山本が不快感やできないことを義足のせいにしたことはなかった。駒井は、山本が義肢装具士としての自分を信頼してくれているのだと感じるようになっていった。山本の義足の扱い方の向上と、駒井の入念な調整が相まって、2ヶ月ほど経つ頃には山本の体に合う義足ができ上がっていったのである。

そんな折、海外から仕入れた義足のパーツなどを日本に卸している義肢会社の主催で、義足での走り方を教えるランニングクリニックというイベントが開かれることになった。そのイベントにはアメリカ人のパラリンピック金メダリストが技術者とともに招かれていた。全国主要都市5カ所で行われるイベントが名古屋にもやってくることを聞きつけた駒井は、すぐ同僚と一緒に参加を申し込んだ。義足を付けてどのように走ればいいかを山本に是非見せたいと思っていた矢先の出来事。まさに抜群のタイミングだったのである。駒井は山本が走るためのヒントになる情報を得ようと、熱心にそのイベントの様子をビデオ撮影し、そのテープを山本のところへ持ち帰った。

ビデオに映っていたのは、山本と同じ大腿切断のアメリカ人選手が体育館の中を悠然と駆け抜ける姿だった。

「本当に走れるんだ！ 俺も走ってみたい」

義足でも走れるという話は度々聞かされていたが、実際に走っている人を見るのは初めてだった。まるで自分の足で地面を蹴っているかのように力強く走るアスリートの姿にすべてが現実味を帯びてくるのを感じた。

ビデオには走れるようになるためにどのようなトレーニングをすればいいか、具体的な練習方法が映っていた。体育館に設けられた一段の段差を義足で繰り返し上がることで太腿の後ろ側の筋肉を鍛える練習や、足を振り上げた後すぐに戻して膝のコントロールをする練習など、日本ではまだ知られていなかった貴重なトレーニング例が示されていた。当時日本で大腿義足を付けて走っていたのはまだ古城くらいだったのである。だから走るためのトレーニングについて山本が参考にすることのできたものは、本当にそのビデオだけだった。それがすべてだったのだ。

義足ができてから3ヶ月ほどは歩くのが精一杯だった。ただそこから義足の使い方にもっと

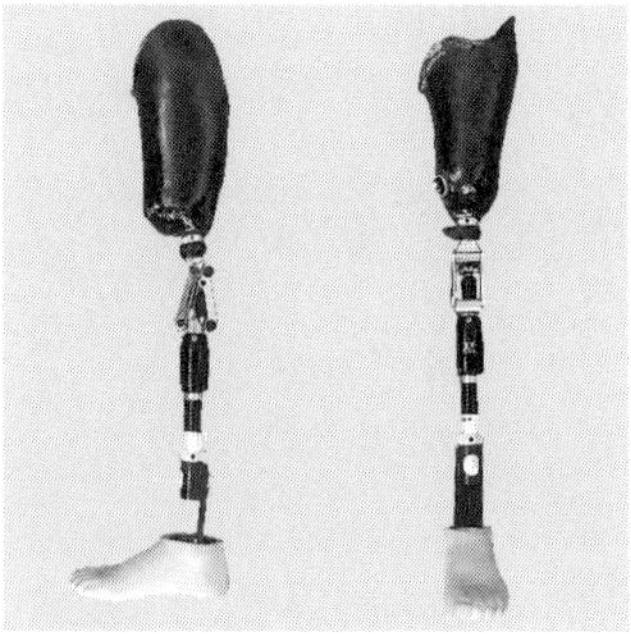

古い義足。3R55とモジュラーⅢ

自信が持てるようになってくると、リハビリ室のトレッドミルのスピードを徐々に上げ、どこまで速く歩けるかを試すようになった。そのうちにもともとは歩くことを目的に作られた膝継手である3R45ではスピードについていけなくなってきた。後ろに蹴り上がった義足を前に振り戻してくるところで、タイミングが合わなくなってきたのである。

「この義足で走るのは厳しい」。そう思った山本は駒井に不具合を訴えた。すると駒井は膝下を振り戻す力のより強い3R55という別の膝継手を持ってきてくれた。膝継手の交換作業のとき、駒井はなにやら黒く細長い別のパーツも山本の義足に取り付け始めた。

「はい、これで走れるはず」

作業が終わって手渡された義足は、以前のものとは少し趣を異にしていた。このとき取り付けられた新しいパーツは、オズール社というアイスランドの会社が出しているモジュラーⅢというモデルの足部である。

これまで山本が使っていた義足は、足の形をした肌色のポリウレタンの足部がアダプターと呼ばれる金属の棒のようなパーツを介して取り付けられているものだった。しかし、モジュラーⅢはアダプターの下からカーボンの板が伸びていて、床につくところで曲がって足にあたる部分を形成している。そこに足の形をしたポリウレタンのカバーを取り付け、その上から靴を履かせて使う。踵から爪先にあたる部分までカーボンの板が入っているため、今まで使っていたものよりも硬い感じがする。硬いカーボンを通して地面の感触を直接感じられるようになったことで、早歩きもしやすくなった。

この新しい膝と足部を使って、エネルギー漲る若者は病院の廊下を走ろうと試みては転んだ。転んでも立ち上がってまた走ってみる。そしてまた転んだ。段々とそのエネルギーも屋内では収まりきらなくなって、今度は病院の裏庭で走り始め、そしてまた転んだ。

山本の頭の中のイメージではスピードに乗って走っている。だが、なかなか体はイメージの通りには動かず転倒を繰り返す。義足の足を振り出す角度、そして地面に着くタイミングなどを工夫してまた走る。うまくいかなければまた少し変えて走ってみる。絶妙な頃合いを注意深く模索しながら、山本は徐々にスピードを上げて走れるようになっていった。

経験の浅い義肢装具士の駒井にとって、山本は実験台のようなものだった。前例や自分の経験のないことでも、その患者にとって良いものならやってみようという精神で、ソケットでも膝継手でも足部でも自分が正しいと信じる提案をした。それが本当にうまくいくかどうかの保証はどこにもない。それでも義足のプロである以上、その意見はときに医師の判断の上を行くものだった。

山本が本当に走れるようになったとき、駒井の判断が間違っていなかったことが初めて証明された。それと同時に駒井自身の義肢装具士としての人生をも大きく変えることになった。新しい患者や子供たちに、義足になってもまた走ったりスポーツしたりできるようになると胸を張って言えるようになったからだ。足を失ってこれからできなくなることを憂い不安に陥る切断患者たちに、その必要はないと自信を持って伝えることができるのである。

山本は駒井がこのとき選んだ膝継手を２０１０年までの10年間にわたって使い続けた。再び山本が走れるようにコンピューター制御機構のないものを使おうと冒険に出た駒井の選択は間違っていなかったのである。

義足で自由に動けるようになってからも、リハビリ室でのトレーニングは毎日2時間以上にわたって続けられた。理学療法士の岡部はもちろん、山本の将来を思って厳しいメニューを課していたわけだが、それとは別にもう一つ念頭に置いていたことがある。

「明らかに持て余しているパワーをなんとか発散させてやらないと、こいつはろくなことをしないぞ」

様々なリハビリのメニューの中でも、夏を迎える頃までに山本が一番きついトレーニングとして認識するようになっていたのは、健足で漕ぐエアロバイクのトレーニングだった。というのもリハビリ室のエアロバイクは窓際の最も日当たりの良い場所に置かれていたのである。真夏の強い日差しを直接浴びれば、エアロバイクにまたがっただけでも額には汗が浮かぶ。だが岡部を前に泣き言などは許されない。山本は暑さを言い訳にすることもできず、気絶寸前まで漕ぎ続けた。

「先生！　できました」

弱音を吐くことはおろか、表情も変えずにひたすらリハビリに向き合う山本。また一つこなして岡部のところに報告に行くと、まるで物足りなかったような顔すら見せる。

「なんだ？　こんなにパワーを持っている子は初めてだ」

内心では驚きながらも岡部はなに食わぬ顔でさらに厳しいメニューを言い渡す。

「じゃあ次は、これをやれ」

山本も何も言わずに岡部の指示に従い次のリハビリに移る。心の中では「え、まだやるのか……？」と思いながらも、岡部の前ではそんなことを言えるはずもなかった。

いつしか二人はお互いに対して勝負を挑むようになっていた。どちらが先に引くのか、無言の対決が二人の間に繰り広げられた。両者とも何事もなかったように振る舞っていたが、先に引いてたまるかと岡部は次々と厳しいメニューを言い渡し、山本はそれに屈するものかと黙ってこなした。

リハビリメニューが少しきつすぎるかもしれないという岡部の懸念を他所に、どれだけハードなメニューを与えても山本はすべてを完璧にこなしてきた。いくら叩かれても、いやむしろ叩かれれば叩かれるほど、彼は全開のパワーで向かっていくのだった。岡部が山本の傍について見ているのは毎日30分ほどだけ。後は渡されたメニューを見ながら山本が自主的に取り組むことになっていた。

「それにしても、できすぎている」

どこかで手を抜いているに違いないと思った岡部は、彼の側を離れた後も陰から山本の様子を観察することにした。だが、いつ目をやっても山本は手を抜いていない。表情も変えずにひたすら与えられたメニューをこなしている。

「なんて奴だ」

人に強制されずとも自らに課し続ける山本の熱心な様子に岡部はひどく感心したものだった。山本は自分を追い込むのを楽しんでいるかのように、黙々とトレーニングを続けた。岡部はそれを「追い詰められたときの強さ」と表現する。

とは言え、それは少々美化されているところもある。リハビリに熱心に励む山本の頭にあったのは、

「俺は絶対義足を付けてまたスノボをやる！」

という単純で意固地な考えだけだったからだ。誰も確証を持ってできるとは言ってくれなかった。どこにもできるようになる保証はなかった。でも「やりたいからできる」という辻褄《つじつま》の合わない論理も根拠のない自信も、山本の頭の中では確かに意味を成していた。

義足を手に入れ、歩けるようになり、そして走れるようになり、再びスノーボードをする自

分の姿をリアルにイメージできるようになった。そこに疑いはない。雪の上を思いのままに進む感覚と、友達よりもうまく滑ることのできる多少の優越感。スノーボードに結び付けられたその享楽のイメージは、今がどんなに辛くてもこのリハビリを続けていけばきっと現実になると信じ続ける支えとなっていた。

どんなときも人の目には前向きに映る山本。だが無理して明るく振る舞ったことは一度もない。ただ淡々と自分の目の前にある日常に真摯に向き合っていただけだ。それは再びスノーボードをするためにリハビリに励むことであり、ときには平均的な若者らしく女性にモテたいということでもあった。あるとき山本はこんなことを言って岡部を驚かせた。

「先生、俺、義足になってからモテるようになったんです。義足をブランッて反対にひっくり返して女の人に見せたら、びっくりしてちょっと悲しい顔をする。女の人って弱いですよね」

山本は義足を使って女性を口説く手口まで編み出していたのである。

先が見えず不安なとき、遠くを見ようとしても仕方ないのかもしれない。むしろ目下のことに専念していれば、漠然とした人生への恐怖や後悔が襲ってくることはない。

夏休みの最後の週、担任の教師から電話がかかってきた。

「山本くんが車を運転しているのを見たという通報があったのですが本当ですか?」

突然のことに動揺した。

「違うと思います」

咄嗟にしらばっくれたが、嫌な予感がした。

「3月の事故もバイクだったと聞いたのですが本当ですか？」

教師の尋問は続く。

「違います」

足を切断したのに同情すら得られず通報されるのだから、自分は他の生徒にどれほど嫌われていたのだろうと思いながらも、とりあえずしらを切り通した。それでも教師は山本の返事を鵜呑《うの》みにしてはくれず、

「学校が始まる前に、一度家庭訪問に伺います」

と言い放って電話を切った。

実を言うと、バイク事故を起こしたことにも懲りずに山本はこの夏、車の免許を取りに行っていたのである。初め母親は反対していたが、兄が持っていた車を自分で運転すれば家族の手助けなしで塾などにも行くことができると家族会議で決まり、免許取得を許可されたのだった。

「やばい、全部ばれてる！」

電話を置いた山本は、焦りながら両親に電話のことを話した。

「もう本当のことを言うしかないんじゃないの」

心配そうに返事をした両親との会話に兄が突然口を挟んだ。

「証拠なんか一つもないんだから、全部しらばっくれればいいんだよ」

確かに父親が迅速に軽トラックで事故現場を片付けたおかげで、警察に行ってもスクーター事故だったことを証明するような書類は一切残っていない。つまり、事故の真相を示す証拠はどこにもないのである。

「バイクで事故ったということが学校にバレたら退学になるかもしれない。高校くらいは出ておかないと将来やばいんだから、ここは嘘をつき通したほうがいい」

兄の強い主張によって家族は口裏を合わせることになった。でっち上げたストーリーは自転車事故。家の近くの下り坂を自転車で走行中にハンドル操作を誤りガードレールに衝突、粉砕骨折したというものだ。

数日後、担任が家庭訪問にやってきた。自転車に乗っていたという作り話でバイク事故の疑惑を全面的に否定した。通報者からは証拠写真なども持ち出されなかったため、教師もその話を信じるしかなかった。車に乗っていたことについてもひた隠しにした。

「わかりました、そういうことなんですね。車は校則では禁止されていますが、どうしても必要ということであれば特別措置として学校としても認めることができますよ」

教師の同情は正直言うと、ありがた迷惑だった。というのは、もし学校に正規ルートで運転の許可申請をすると、免許を提出した際に単車の免許を持っていることが必然的にばれてしまうからである。

「先生、申し出は大変ありがたいですが、校則なので守ることにします。ですから特別措置のほうは大丈夫です」

そう言って丁重にお断りした。そのままなんとか危機を回避し、その後もバイク事故だったことが学校に知られることはなかった。

高校3年の夏が終わった。友人たちは皆、現実的な進路を決め始めていた。3月の事故後の入院で学期末テストも受けられずまず進級が危ぶまれたが、バレー部の先生の口利きのおかげでなんとか進級させてもらえた。だが3年になってからも5月まで学校に通うことができなかったため、授業にもついていけず勉強へのやる気は完全に失っていた。

足がなくなったとき、教師から「勉強のことは考えなくていいから」と言われたので、「よし、これはもらった！」と思った。要領がいいのも山本の長所である。暗記するのは嫌い。理系科目のほうが得意だったので数学はできたが、国語と英語は何度か赤点を取った。進学校の高校3年の授業は受験を意識したものばかり。大学に行く気はなく、受験勉強に意味は見出せなかった。それでも高校くらいは卒業しなければという思いはあったので、とにかく赤点を取らないことだけを考えて最低限の勉強をする日々だった。

そんな中、山本には一流大学に入ることを夢見る友達とは全く違う卒業後の進路が少しずつ見え始めていた。

それは足を失うことがなかったら、考えもしなかったような道である。

第3章 思い描いたものは実現する

リハビリを終えて岡部と何気なく雑談をしているとき、いつもの無愛想な顔のまま山本が突然切り出した。

「先生、どうやったらこんな仕事に就けるんですか?」

「なんだ、お前理学療法士になりたいのか?」

「はい、なりたいです」

影響されやすく熱しやすい単純な性格。自分を気にかけてくれる、どこか似た者同士のようなこの理学療法士に憧れるようになるまでにそれほど時間はかからなかった。

自分が情熱をかけてやっている仕事を山本が志したいと口にしたことは岡部にとって照れくさくもあり、嬉しいことでもあった。だが冷静に大腿切断手術を受けた山本の体の状態を考えると、迂闊《うかつ》に理学療法士の道を勧めることはできなかった。

というのも、理学療法士の仕事には患者を抱きかかえて移動させるような作業もあるからである。体力がある若いうちは義足でやることも可能だが、歳を重ねて体力が落ちてくると大変になるだろうということが容易に想像できた。近い将来アメリカのように理学療法士はプログラムを考えることが主な仕事というシステムになればいいが、今の日本の現状を考えると山本が50歳になるまでにそうはなっていないだろう。それが岡部の見解だった。

「そうか、でも大腿切断で理学療法士は厳しいかな」

「……」

山本が岡部の前で初めて落胆の表情を見せた瞬間だった。足を切ってから、できないことに直面したことはまだ一度もなかった。歩くことも走ることも、スノボをすることも練習すればなんでもできるようになると思っていた。だが、どうも理学療法士にはなれないらしい。

「じゃあ、義肢装具士はどうですか？」

山本が尋ねる。

「おお、お前スポーツやりたいんだろう？　それなら義肢装具士はいいんじゃないか」

義肢装具士は山本の義足を熱心に作ってくれた駒井の仕事である。岡部は普段から義足を付けて再びスポーツをしたいと言っていた山本には最善の選択肢だと思った。自分で義足について勉強し調整できるようになれば、スポーツをやるときにも自分のニーズに合わせて自在に義足を操ることができる。

「義肢装具士の現場の声を聞いてみたらどうだ?」

岡部はそう提案し、駒井にも山本の進路指導の協力を要請した。

数日後の夕方5時、病院の外来の受付の椅子に岡部、駒井、山本の3人が座って、進路指導のための三者面談が開かれた。

「岡部先生と駒井さん、お互いにどう思いますか? 理学療法士と義肢装具士と二つの職業を天秤にかけてるけど、重みが今ちょうど同じくらいで悩んでます。最初は理学療法士だと思ったけど、岡部先生には義肢装具士になったほうがいいと言われて、どうすればいいかわかりません」

駒井はこう返事した。

「理学療法士のほうが絶対いいよ。だって先生って呼んでもらえるんだよ」

義肢装具士は業者さんという扱い。病院に勤務して「先生」と患者たちから敬われる理学療法士のほうが絶対にいい。そこには駒井自身の岡部への尊敬も含まれていた。山本が岡部のような先輩のもとで理学療法士をやっていけるなら、それが彼にとって最良の選択だという気がした。

二つの進路の狭間で決めかねたから面談を開いてもらったのに、駒井は理学療法士を推し、岡部は義肢装具士を勧めるという山本にとってはまたしても悩ましい状況に陥ってしまった。

「どうしよう……?」

山本にとって、先生と呼ばれるかどうかは問題ではなかった。理学療法士の仕事を間近で見て、無理かもしれないと思い当たる節もあった。自分の体の状態を誰よりも知っている岡部が言うことなら間違いないだろう。最終的に山本は義肢装具士を選ぶことにした。

その秋、義足の陸上選手、古城暁博を初めてテレビで目にすることになった。シドニーパラリンピックの映像などを含むドキュメンタリーが24時間テレビの中で放送されていたのである。テレビ画面には同い年の日本人選手が、世界レベルの競技舞台で堂々と走る姿が映し出されていた。

「こんな人がいるんだ。スポーツって本当にできるんだ」

このとき自分が彼を超える日が来るとは、夢にも思っていなかった。

冬になると山本はいてもたってもいられなくなった。大好きなスノーボードの季節がやってきたからである。大腿切断手術の直前に若い医師からスキーはできるようになると聞かされていた。だが、時代はスノーボード。

「スキーなんて面白くない、カッコ悪い。スノボのほうがイケてる!」

中学1年のときからスノーボードをやり始め、友達よりも数段上を行く腕前を自負していた山本は、義足になったからといってスキーで妥協する気にはなれなかった。

「義足でスキーをやっている人がいるなら、スノボだってやれる可能性はある。やっている人がいないのは、単にスノボが流行り始めてから間もないからだろう」

どこまでも楽観的だった。

そんな折、山本の信念を後押しするかのような出来事があった。よく通っていた病院近くのスノーボードショップに立ち寄ったとき、仲のよかった店長が声をかけてきた。

「義足でスノボをやってる奴がいるぞ。お前、できるぞ！」

興奮気味に話す店長が手にしていたのは、とあるスノーボード雑誌。そこには義足のプロスノーボーダーの特集が見開き2ページにわたって組まれていた。左側のページには義足を履いたアメリカ人ボーダーが座っている写真と、使っている義足の紹介。そして右側のページには、滑っているところの写真、それからジャンプしている写真も載っていた。山本の興味をそそったのは、そのジャンプの写真。よく見てみると難易度の高い回転系のジャンプをしている。

「マジか！　ここまでできるのか⁉」

今までなんの根拠もなく滑れるようになるとは信じていたが、両足があっても難しい技を義足でできるようになるとまでは思っていなかったのだ。その義足のボーダーのレベルの高さに驚愕《きょうがく》した。その足で本屋に向かい、店長が持っていたのと同じ雑誌を即購入した。実はこのアメリカ人ボーダー、膝下で切る下腿切断だったため、山本の義足より扱いはだいぶ容易なものだったわけだが、当時の彼にそんな違いはよくわからず、正直どうでもよかった。

「とにかくこの人は義足を付けてスノボをやっている」

その事実が大切だった。

「だから俺もできる！」

切断の種類だの、義足の種類だの理由付けなんてどうでもよかった。それはもう確信だった。

できると確信した山本は、兄と一緒に早速スキー場へと出かけることにした。だが頑なにできると信じる山本とは相反して、周囲の人々の間にはまだ本当にできるのかという懐疑が強く残っていた。

山本兄弟が出かけた朝、自宅に残った母親は青い顔をしてそわそわしていた。それに気付いた父親が心配して尋ねる。

「どうした？　大丈夫か？」

「篤がスノボに行っちゃった！」

「ああ、いいじゃん」

気楽に答える父親に母親が切羽詰まって訴える。

「違うの。篤ね、俺もしスノボできなかったら自殺するって言ってたの！」

スノーボードをやるということだけを夢見て8ヶ月間厳しいリハビリに耐えてきたわけだ。

もしも滑れなかったら、息子はどんなにがっかりするだろう。実際、当時の山本はそれほどまでにスノーボードを愛していた。

事故の前日から約9ヶ月の時を経て再び立つゲレンデ。義足でボードの上に立った。慣れない感覚に何度も転んでは起き上がっての繰り返しだ。普段使わない筋肉を使うことで疲労も半端なものではない。少し滑っただけで今まで経験したこともないほど体力を消耗していた。

だが、転倒を繰り返しながら重心のかけ方や膝の使い方を工夫しているうちに少しずつ形になってきた。山本は本当に雪の上を滑走していた。これまで根拠なく一人信じていただけの「義足でだってスノボができる」という命題はこのとき、それが正しいと証明されようとしていた。コツを掴むまでに試行錯誤は必要だったものの、少しずつ転ばずに滑れる距離が伸び、なんと義足になってから初めて行ったスノーボードで、とりあえずは自力でゲレンデを下ってくるところまでこぎつけたのである。

自宅に戻ると心配しながら待っていた両親に、山本はご満悦の表情で言った。

「楽勝だった」

義足で本当にスノーボードができるかということに疑念を抱いていたのは両親だけではない。駒井もまた疑っていた人物の一人である。義肢装具士として山本の付けている義足の特性をよく理解していただけに、本人の前で口にはしないものの、

「あんなにクラクラした義足の膝でスノボをやれるわけがない」

と思っていたわけだ。彼からすれば、膝の使い方が重要なスノーボードというスポーツを、膝の使い方こそ厄介な大腿義足でやろうなんてとんでもない話。スノーボードから帰ってきた山本を病院で捕まえた駒井はすぐさま問いただした。

「できた？」

「結構滑れました！」

「まさか……」

この自信に満ちた笑顔が嘘をついているとも思えない。だが本当に大腿義足でスノボができるなどということはもっと信じられなかった。

「そんなはずはない」

まだ疑いの晴れない駒井は、自らの休みを返上して山本が滑る姿を確認しに行くことにした。

「まあ、たとえ滑れていなかったとしても、義足の調整をして滑れるようにしてやればいいいな」と後輩の義肢装具士も連れて山本たちと一緒にスキー場に出かけた。

ゲレンデを颯爽《さっそう》と滑り降りてくる山本の姿を見た駒井は、自分の目を疑った。

「これは義足じゃない！」

まるで本当の足があるかのように、軽快にボードを操る山本がすぐ目の前にいた。そして彼はゲレンデに散らばった両足健足の他のスノーボーダーよりもうまかったのだ。

「足がある！　これはすごい……」

駒井はただただ呆気にとられるばかりだった。

「体重はどのようにかけているの？」

「義足のほうに1割、健足のほうに9割ですね」

義足の調整をしてやろうというつもりでやってきたが、その必要は全くなかった。

「本当にできるものなのか」

とひたすら感心するばかりだった。義足のプロが不可能だと考えた大腿義足での滑走を成功させたのは、義足を使いこなす山本の身体能力に他ならない。

「人間の可能性に比べれば、義肢装具士なんてたいしたことないなあ」

と駒井は舌を巻いたのだった。

できないかもしれないと理由を挙げている暇があったら、何も考えずにトライしてしまったほうがいい。大好きなスノボを諦めるなんて選択肢はなかったから、ただバカみたいに信じ続け、やってのけてしまっただけだ。それは山本にとってはとてもシンプルなことだった。好きなことをただ一生懸命やっただけ。


それから何度もスノーボードに出かけた。

一度コツを掴み始めると、どんどんうまく滑ることができるようになった。自分の滑っている姿をビデオに撮り、さらなる研究を重ねた。何をするにしても山本にとって「かっこよさ」というのは非常に重要である。最初は自分の滑る姿をビデオで見て「ダサイ!」と思った。後ろ側の足に体重がかかりすぎていて、不安定で危なっかしく見えたのである。

山本はこれまでずっと左足が前、右足が後ろのレギュラースタンスと呼ばれるスタイルで滑ってきた。だが通常スノーボードは滑るときに重心が前側の足にくるため、義足の左足が前だとうまく体重をかけることができない。よって前後の足を逆にしたほうがいいということに気付いたのだ。もともとどちら側の足が前のスタイルでも滑ることはできたので、右足が前で左足が後ろのグーフィースタンスに変えてみた。するとビデオで見る自分の姿はレギュラースタンスよりもずっとかっこよかった。

「これで行こう!」

このシーズンから基本スタイルをグーフィースタンスにすることが決まった。

しばらくすると、ウェアを着てしまえば義足であることが全くわからないくらいに滑れるようになった。すると今度はジャンプである。できないと思っていた技も、試行錯誤しながらトライしているうちにできるようになった。

「義足って意外といろんなことができるんだな」

できると信じて思い描いたものは本当になる。足を失っていろんなことを諦めなければならないなんてことを山本は認めなかった。そう信じたなら、そこにできないことなんてなかった。

ただ、山本は少々調子に乗りすぎた。その年の大晦日、父親のところに一本の電話がかかってきた。一緒にスノーボードに行っているはずの山本の友達からだった。

「篤、脳震盪《のうしんとう》起こしたみたいで何を言っているのかわからない状態なんです」

足がなくなっただけでは済まず、ついに頭までやられてしまったか、と両親はひどく心配した。幸い大事には至らず病院に連れて行かれた山本は、しばらく車椅子で遊んでいるうちに回復していた。とは言え転倒の直後から12時間ほどの記憶はないという。

それでも山本は懲りない。ゲレンデに通い続けまた怪我をした。回転ジャンプをした際に、スキーウェアのフードが顔を覆い、着地の場所がわからなくなった。雪の上に降りた瞬間、咄嗟に手をついた。強く打ったようで少し痛みがある。手を見てみると、小指が外側を向いてひん曲がっていた。

「やべ、折れたわ」

とりあえずゲレンデを下まで降って診療所に駆け込む。

「すみません、指がおかしいんですけど」

山本の手を見た医師は「ああ、脱臼だね」と言った。

その場でとりあえず応急処置はしてもらったものの、この怪我のせいで後に手術まですることになった。

心配した両親が様子を見にスキー場までやってくることもあったが、山本が安全のためにと滑りを妥協したりするはずもなかった。事故の後、息子を一生うちで見ていくと覚悟を決めていた母親に、父親が言った。

「お前がそう思ってもな、子供はなんて言うかわからんぞ」

その通りだった。山本はどんどん外の世界へと飛び出していった。危ないことでもやりたいと思ったことはなんでも試してみた。挙句には白馬で行われたスノーボードの大会にまで出場したのである。

ある晩寝る前にベッドに腰を掛け、義足を外していたときのこと。ベッドの横に立てかけたつもりだった義足が倒れたと思った瞬間、パリンと音を立ててソケットが割れてしまった。

駒井が新しいソケットを持ってきてくれたとき、山本は尋ねた。

「こんなに簡単に壊れるものなんですね」

「そうだよ」

「じゃあ、今までこの義足でスノボ行っていたのは、大丈夫だったんですか?」

「うーん、まあ危ないとは思っていたけど、行くなって言っても行くでしょう?」

「え、まあそうですけど……」

実はこの時期、山本がスノーボードに使っていた義足はプラスチックでできた仮義足。立っている状態から倒して地面につくだけでも簡単に割れてしまうような脆《もろ》いものだったのである。知らぬが仏とは言ったものだが、そんな危険な義足で本気を出して滑っていたとは。さすがの山本も少し怖くなった。

駒井はもちろん危ないことは知っていた。だが、すでに山本の気質は十分理解していたつもりである。止めても無駄だろうと思った駒井は、何も言わずに放任することにしたのだった。

スノーボードに明け暮れている間にも、卒業後の進学先を決定しなければならない時期に差し掛かっていた。義肢装具士を目指すと決めた山本は、駒井の母校である日本聴能言語福祉学院義肢装具学科を受験することにした。

試験の前日、駒井は山本を車で送りながら、未来の後輩にアドバイスをした。

「面接のときには、俺らの名前を出すんだぞ。先輩にやってもらってますと言え」

試験はそれほど難しいものではなかった。

「自分も義足なので、少しは義足の人の気持ちがわかると思います」

先輩の名前とともに、精一杯のアピールをした。面接が終わった後、試験官の一人として面接に同席していた学科長が、

「義足を見せてくれないか？」

と山本に言った。面接ということできちんとしたスーツを着て臨んでいたわけだが、ズボンを脱がなければ義足を見せることができない。そこで、いそいそと面接会場でスーツを脱ぎ始め

た山本は、そのままパンツ姿になって義足を披露した。

「おお、こういう義足を使っているのか」

何が決定打となったのかは定かではないが、とにかく合格だった。

野心的な山本は密かにさらに上の進学先を狙っていた。年が明けると、国立リハビリテーション学院を受験しに行った。義肢装具士を目指す者にとっては、最も名声のある進学先である。しかし残念ながら、大卒の人たちも受験するこの難関校の定員枠に入ることはできなかった。


岡部と駒井と山本の三人で行われた「三者面談」のときは理学療法士を推した駒井だったが、走れるようにしてやろうと自ら目をかけてきた若者が、今自分と同じ義肢装具士の道を志すことになった。駒井は「走れる義肢装具士」というのは、なかなか良いアイディアだと思っていた。山本が自分で走りながら義肢装具士になってくれれば、日本でも義足で走るということ、そしてスポーツをするということがもっと普及するに違いない。このアイディアにそんな期待を持った。もちろん走れる義肢装具士がいるということは会社の宣伝にもなる。

そこで駒井は、専門学校卒業後最低5年間勤めるという条件のもとに会社が月に5万円を支給するという松本義肢製作所の奨学金制度を山本に勧めることにした。卒業後には是非自分の働く会社で活躍してもらおうという長期的計画である。

春の気配が漂い始めた3月、山本は松本義肢製作所の見学に招待された。

「免許を取って義肢装具士になって、うちの会社に入ってくれれば奨学金は返済不要です」

その言葉を聞く山本は一人何かを考えているようだった。生返事の山本に社長が助け舟を出す。

「とりあえず工房を見せましょう。返事はそれからでいいですよ」

工房見学の後、山本がようやく口を開いた。

「外国に行く制度とかもありますか？」

「勉強しに行ってもらうというのはありますよ」

駒井が見せてくれたランニングクリニックのビデオの中で走っていたアメリカ人の選手のイメージが脳裏に焼き付いていた。海外のほうが義足は進んでいる。それをもっと知りたい。そしてその技術を使って自分も走ってみたい。いつしかそんなことを考えるようになっていたのだ。

ようやく条件に納得した山本は奨学金を受ける承諾をし、義肢装具士を目指して新たな道を歩み始めることになった。

第4章 強靱な精神力の秘密

山本は幼い頃から元気でやんちゃな子供だった。男三人兄弟の真ん中。物心つく前からよく大声で泣いた。おねしょもたくさんした。だから足を切った頃には、涙もほぼ枯れていたのかもしれない。兄とは年子で喧嘩《けんか》も多かった。両親も長男のときは初めての子育てということで世話を焼いたものだったが、次男は親が目をかけなくても勝手に育つらしい。親も気付かぬ間に兄に喧嘩を売り、挙句の果てには泣かせていることもあった。それでいて近所の子供たちには、

「うちの兄ちゃん喧嘩強いぜ」

と兄に代わって勝手に喧嘩を売る始末。兄はそれに気付くと巻き込まれる前にそそくさと逃げ出すのだった。

兄にも弟にも手を上げたことのない父親だったが、山本にだけは手を上げたことがあるとい

う。母親の言うことを聞かず押し入れに閉じ込められることも幾度となくあった。有り余るほど元気がよくて、うるさくて、やんちゃ。それでいて大人が言っていることに納得できないと腑に落ちるまで楯突いていく、理屈っぽい面倒な子供だった。

小学校2年生のとき、父親がやっていたモトクロスに憧れた。

「かっこいい！　俺もやりたい！」

そう言い出すと、父親が自分の持っていたバイクのまさにミニチュアと言わんばかりのバイクを買ってくれた。白いボディに赤いシート。カラーリングは父親のものと全く同じだ。しかし、バイクに乗るときの服装はというと父親ほどかっこいいものではない。ヘルメットは買ってもらえたものの、ジャージの上下を着て長靴を履き、スケボーをするときのサポーターを付けて完成。見た目はいまいちだが安全対策は万全である。

近所の川の河川敷で練習を始めると、勘がよく器用だった山本はあっという間に乗り方を習得した。乗れるようになると楽しくて仕方ない。バイクは兄と共有だったことも忘れて一人で乗り回していた。山本がバイクを独り占めしてしまうと、仕方なく兄は母親に訴える。

「お母さん！　篤がまた乗っちゃったよ……」

一度バイクにまたがった山本は誰も止められない。あるとき、アクセル全開で水たまりを走っているうちに、突然ブレーキが効かなくなった。河川敷には立ち入り禁止のエリアがある。その手前には柵の代わりにロープが張られていた。ロープの手前でターンして戻ってくる予定だったが、ブレーキが効かないため減速できない。止まれないどころか曲がれもしない。さすがの山本も焦った。

「どうしよう、死ぬかも！」

ロープに近づく直前、ハンドルを軽く切ってみたがスピードに乗ったままのバイクはもちろん曲がりきれず、ロープ目掛けて突進する。もうだめだと思った瞬間、ちょうど胸のあたりにロープが当たり山本の体だけが引っかかってバイクから引きずり降ろされた。バイクはそのままロープの向こう側へ走り抜けていったが、やがてバタンと横に倒れて止まった。奇跡的にも山本は無傷だった。

いつも器用でなんでもすぐできるようになる山本だったが、調子に乗りすぎて死ぬかと思う経験をするのは、もちろんこれが最後のはずはなかった。

小学校3年生からは少年野球チームに入った。もともと運動神経はよかったが、四番バッターのエースというわけではなかった。そんな彼が底力を見せた印象深い試合がある。

小学校6年のとき、地域では最も強いと言われていた桜木小学校と当たることになった。0対0で迎えた最終回。和田岡小学校の一番バッターは山本だった。レベルが格段に違う強豪校のピッチャー相手に打てるという気は全くしない。最初からバントという作戦に決めてバッターボックスに立った。桜木小とは違って、今までそれほど本気で練習してきたわけではない。どうせ勝てるはずもないので、とりあえず小さく出塁を狙おうというのである。

作戦通りちょこんと当てる。相手守備のミスに助けられて山本は一塁に出た。桜木小のピッチャーはバントで出塁されたことに心をかき乱された。続いて2番バッターがゴロを打つと同時に山本は二塁へと突進した。

3番バッターが打席につく。ワンボール、ノーストライク。山本は盗塁を狙っていた。50メートル走は特別速いというわけでもなかったが、なぜかベースを置くと速いという定評があった。塁間だけは走れる自信があったのだ。ピッチャーの癖をよく観察していたため、牽制球がないことがすぐにわかった。チャンスだと判断すると三塁目掛けて走り込む。そして盗塁成功。3番バッターがまたしてもバントを打つと、ホーム目掛けて猛進し無事ホームに帰還した。

今まで桜木小に勝ったことなど一度もなかった。そんな和田岡小がこの試合ではまさかのノーヒットで1対0の勝利を収めたのである。

スポーツは得意だったが、勉強のほうはまずまずだった。そんな山本のために、母親はテストで良い点を取るとお小遣いを与えるという制度を導入した。単純な山本はそれにすっかり乗せられて一生懸命テスト勉強をするようになった。他の兄弟とは違ってなぜか彼は小さい頃からお金につながることに敏感だったのである。

小学生のとき、母親が友人たちと内職するのを見ていた山本は自分も手伝いたいと言い出した。車の配線部品にマジックで印を付ける作業は、一つやるごとに0.3円、もちろんお小遣いとして山本も母親から労働の代価を受け取った。だがマジックで印を付ける作業よりも別の部品にゴムを入れる作業のほうが高い報酬を得られることに気付くと、すぐにそちらの作業に転向した。

そのうち、さらに儲かる仕事があることに気付いた。それは機械を使って行う作業である。とは言え、その作業に使うミシンのような機械は小学生が扱う代物ではない。万が一手を挟んだら潰れてしまうとても危ないものだ。母親は心配したが山本は聞かない。というのも、この作業は一つやるごとに1円の報酬をもらえるからだった。機械を使うため効率もよく、稼ぐのにはもってこい。毎晩夕食を食べ終わった後2時間くらい夢中になってやった。稼いだお金でミニ四駆を何十台も買い、部品を集め改造して走らせた。現在山本は自分で義足をいじって改良しているわけだが、機械的なものやスピードのあるものに惹かれ夢中になるという点においては、当時からさほど変わっていないのかもしれない。

しばらくして、今度は父親に自転車のパンク修理の方法を教えてくれとせがんだ。熱心に父親の作業の様子を見ていた山本はすぐにやり方を覚えた。すると覚えたてのスキルを使って自転車修理屋を始めたのである。近所の自転車屋に持って行ってパンクを直してもらうと、

1000円取られる。そこで山本は500円で修理を請け負うことにした。通学に自転車を使う中学生たちが修理をするからと言って親から1000円もらう。修理の必要な自転車を山本のところに持ってくれれば修理代は500円で済むから、残りの500円は自分のお小遣いにできるというわけだ。そんな中学生の心理に付け込んだ商売で荒稼ぎしたものだった。

お金に敏感なのは現在も変わっていない。賞金をぶら下げられるとモチベーションが上がり、よい結果を出せるという。だが一度だけ大失敗したことがある。2007年パリ、招待選手として参加した100メートル走での出来事。1位は無理だとわかっていたが、2位になれば10万円の賞金がもらえることになっていた。60メートル付近まで予定通りの2位。

「これで10万円は俺のもの！」

そう思って油断した瞬間だった。二人の選手にあっという間に追い抜かれ、ゴールしたときには4位まで落ちていた。もらえた賞金は予定の半分。がっかりだったが、欲を出しすぎてもいけないという良い戒めになった。

中学に入るとバレーボールを始めた。山本の家族はバレー一家である。父親は中高バレー部、社会人になってからもプレーすると同時に指導も行っていた。母親はママさんバレーのチームに入っていて、もちろん兄もバレー部だった。家では毎日バレーボールの会話ばかり。それゆえに山本はバレーボールが嫌いで、バレー部にだけは絶対入るものかと思っていた。

ところが中学に入学すると、一度目の仮入部ではバスケ部に入るものの、二度目の仮入部はバレー部に入っておきなさいと父親に言われ、そのままの流れで入部する羽目になってしまった。

「騙《だま》された」

そう思いながらもスポーツは好きだったので、それなりに楽しみながら部活に取り組んだ。打つ方も、守る方も満遍なくできる選手で、かなりのジャンプ力もあった。しかし、168センチというバレーをするには小柄な体が狙っていたレギュラーの座を阻んだ。

不利な身長を運動神経でカバーしようと他の生徒たちが帰宅した後、バスケットボールのゴールに向かってジャンプの練習をした。母親のママさんバレーチームの指導者に教えを乞うたこともある。だが、特訓の甲斐《かい》もなくレギュラーには昇格させてもらえない。レシーバーで入れてもらっても、アタックを打つポジションに回るとまたベンチに下げられるというのがお決まりのパターンだった。そしていつしかそれに甘んじるようになっていた。リーダーシップは評価されていたため「コート外のキャプテン」としてチームをまとめ、ピンチサーバーとして土壇場でスーパーヒーローのように登場し活躍する。実際彼の通っていた桜が丘中学には山本のファンクラブまであったというから、そんな役回りは決して悪いものではなかった。

当時の彼を知る人なら誰もが覚えている伝説の試合がある。中学3年のとき、桜が丘中学は静岡県西部地区の5位で勝ち上がり県大会に出場していた。準決勝の対戦相手は東部地区の1

位、韮山《にらやま》中学校。そこにはなんと全日本ジュニアチームのエースもいた。

第3セット、9対13で絶体絶命のピンチに追い込まれた。桜が丘中学は2回のタイムアウトをすでに使い切り、誰もがこれで負けだろうと諦めかけていた。

ベンチにいた山本が突然口を開いた。

「監督、まだメンバーチェンジという作戦があります」

当時チームを率いていたのは外部コーチとして指導していた山本の父親。流れを変えるチャンスがまだ残されていることを知った父親は、最後の望みをかけて自らの息子を投入した。

ピンチサーバーとしてコートに入った山本。相手チームは攻撃体制を緩めず、全日本ジュニアのエースがアタックを仕掛けてくる。ブロックの間をすり抜けた球を山本がディグで拾う。味方アタッカーはチャンスとばかりにすかさず得点を決める。そこから流れが変わった。

山本は相手エースから繰り出されるスパイクを2本目も拾った。さらにサービスエースまで決め、桜が丘中学は奇跡の逆転勝ちを果たしたのである。そしてその後チームは決勝でも健闘し県大会優勝を成し遂げた。

勝負強いとか土壇場で本領を発揮するとかいうまわりの定評に反して、本人は「すげー緊張したよ！」と本音を明かす。山本がコートに入れるのはいつも13点頃。1本でもミスをしたら負けるという場面で出される側も辛いのだ。

「失敗したら、次の試合出られないからね」

チームの期待を背負って奇跡を起こし一時的にヒーローになるものの、レギュラーになれないのはいつも同じだった。

県のトップになるようなチームだっただけに、コーチである父親からの要求は高かった。バレーボール談議は家族の夕食の席にも及んだ。どうすればさらに強くなれるか、熱くその日の練習の反省点を語り続ける父親に向かって、あるとき山本は突然こう言い放った。

「お父さん、それ今コーチとして言ってる？　親として言ってる？　はっきりしてくれないと困るんだけど！」

父親が部活のコーチだったというのは兄も同じだが、そんなことは一度も言わなかった。なんとも理屈っぽい子供である。それでも父親は山本の指摘がもっともであると認め、それから家ではバレー部のコーチとしてコメントするのを控えるようになった。

そんな熱心なバレーボール一家ゆえ、高校への進学もバレーボールが決め手となった。掛川西高校にいた父親の恩師が「いい選手を3人送ってくれ」と言ってきた。

父親はレギュラーの選手から3人を選抜して送り込もうとしたが、3人とも他の高校にスカウトされてそちらに行くことになってしまった。そこで代わりに山本がその高校に送られることになったのである。

静岡県立掛川西高校は地域でも知られた進学校だが、山本がその進路を選んだ理由はバレーボールがすべて。学業のことは全く頭になかった。スポーツで進む道を決めたという割にエースアタッカーでもなければレギュラーでもなかったというのは、なかなか大胆な賭けである。

その代償は高校2年になった頃に回ってきた。レギュラーになれない。試合で先発起用されるのは、レギュラーメンバーが病気や怪我をしたときくらいのものだった。負けず嫌いな山本は意地になって練習し、垂直跳びが1メートルを超えるようなジャンプ力を身につけた。能力的には長身の同級生にも負けない自信がある。それなのに試合には出してもらえない。

「なんでレギュラーになれないんだろう」

そう思い始めると楽しかったはずのバレーボールもつまらなくなった。結局人が評価するスポーツなのだと思うと、それ以上努力するのは面倒になってしまった。

そんなときに山本の心を埋めるようになっていたのがスノーボードだ。小学生の頃から家族でスキーにはよく出かけていた。志賀高原や白馬など大きなゲレンデに出かけるときは、大掛かりにも家族全員がトランシーバーを持って滑るほど熱心だった。

中学に上がると、自分で貯めたお小遣いですべての道具を揃えてスノーボードを始めた。持ち前の運動神経の良さでみるみるうちに上達すると、スノボが楽しくて仕方なくなった。高校に上がる頃には上級の技もマスターし、友達に対する優越感がさらに山本のスノボ熱を高まらせていった。

山本は何をやらせても、いつも簡単にできるようになる。バイクでも、バレーボールでも、スノーボードでも、なんでもすぐに上達し、あっという間に人よりうまくできるようになった。だからそれ以上努力をしたことがない。

「まあ、これでいっか」

頑張らなくてもすぐ人並み以上にできるようになる。だから必死になってコツコツやる必要はなかった。だが、それゆえに1番にはなることもなかった。2番か3番で終わってしまう。「ウサギとカメ」のウサギ。結局中途半端にできても努力をしたカメには勝てない。それが山本だった。

学業においてもそうだったのかもしれない。進学校に入ったはいいが、勉強はそれほどできたわけではない。

「このままろくでもない大学に行くしかないな」

バレーボールで食べていけないことはわかっていたが、だからといって別の明確な目標があるわけでもなかった。

大腿切断が、そんな彼を変えることになった。

「結局、俺がろくでもないのを神様が見てて、『お前はこれじゃいかんよ』って試練を与えたんだよ」

山本はそんなふうに捉えている。

なぜ彼は一度しか泣かなかったのか、なぜ彼は平然と義足の足で一歩を踏み出すことができたのか。

それを考えるとき、運動神経の良さ、勘の良さ、器用さ、負けん気の強さ、熱しやすさ、貪欲さ、要領の良さなどなど、山本の遺伝子にはたくさんの強さが詰め込まれていることに気付く。だが、一つだけ欠けていたもの、それを山本は左足をなくしたことで見つけることになった。

「それでね、今はこんなに幸せになった」

そう言う彼がどのように幸せになっていったのか、それはこの後の章でゆっくりお話しすることにしよう。

第5章
「走る」ということ

専門学校1年の夏、義肢装具士の駒井から愛知県にある岡崎市民病院が義足の人たちを集めて走りの記録会を開催するから来てみないかという誘いを受けた。その週末は特に予定もなかったので、駒井への近況報告がてらとりあえず顔を出すことにした。

会場である病院近くの公園に行ってみると義足の人たちが7、8人集まっていた。膝上と膝下の切断両方の人が交ざっているため、記録会は下腿義足の人は100メートル、大腿義足の人はハンデをつけて70メートルを同時に走るという形式で実施される。それぞれの選手は午前中に1本、午後に1本、合計2本のレースに参加できることになっていた。

駒井の働く松本義肢製作所からも義足の社員が何人か参加していた。彼らが履いている義足がふと山本の目に留まった。漆黒のカーボンが刀のようにすらりと長く伸び、その先端は流線型を描きながら少し反って地面にそっと触れている。

「かっこいい!」

アイスランドから来たというスプリント用の義足。山本が初めて競技用義足と出会った瞬間だった。

当時山本が持っていた義足には、フットシェルと呼ばれる靴を履く足の形をした部分が付いていた。だが、このオズール社というアイスランドの会社が作っている競技用義足の足部にフットシェルはなく、カーボンが地面に着くところまでむき出しのまま伸びている。人間が走るとき踵が地面に着くことはない。だから、競技用の義足には踵にあたる部分が付いていない。走ることに特化されたこの義足は不必要なものを省き、カーボンの伸縮性を最大限に利用した構造になっていた。

午前のレースを終えた後の休憩時間、競技用義足を持っていた松本義肢製作所の社員の一人が、山本の興味と羨望を察知したのか声をかけてきた。

「俺、午後走らないからこの義足貸してやるよ」

会社が試用目的で輸入したというこの競技用の足部はブレードと呼ばれていて、まだ仮留めの状態で持ち主の義足に取り付けられていた。そのため簡単に取り外すことができる。午後のレースにこの義足で出られるようにと駒井が山本の足に合う高さに調整して取り付けてくれた。

初めて付けた競技義足
(右は駒井)

レースに備えて早速試走してみる。

「すごい！　この義足はいい」

いつも使っている義足と比べると、走ることを目的に作られた製品だけあってスピードを上げたときの足の回りが断然スムーズだった。フットシェルと靴がない分軽く、足を自在に振り回すことができる。カーボンのしなりもまた絶妙な反発力を与えてくれる。

同じ義足を持っている他の人たちに使い方のコツを聞いてみる。でもまだ使いこなせるところまでの知識を備えている人はおらず、それぞれが試行錯誤でこの外国から来たばかりのブレードの特性を理解しようとしているところだった。山本も軽くジョギングしながら自己流でこの新しい義足に体を慣らした。なんとなく、だがいつもの義足より速く走れるような気がする。

そして午後のレース。この外国製のブレードを味方につけて、やる気の増した山本はスタートから全力で疾走していった。ところが慣れていない競技用義足は軽すぎて、いつもの勢いで振り出した膝から下の部分が地面に着く適切な位置を超えて前に出すぎてしまった。義足側に体重が乗った瞬間、バランスを崩してそのまま転倒。この義足を使いこなすにはもう少し練習が必要のようだった。

レースの後、競技用義足を持ち主のところに返しに行った。

「どうもありがとうございました」

すると意外な返事が返ってきた。

「俺、もう使わないから、お前使ってみろよ」

その人は山本の顔を見てにやりと笑うと、義足は受け取らず公園を後にした。

突き返されたそのブレードを持って山本は立ち尽くしていた。使ってみろと言われても一体どうやって使えばいいのかもよくわからない。しかもかっこいいそのブレードはおそらくとても高価なものだろう。だがそれと同時にもう少しこの競技用義足を試してみたい気もした。今日はうまく走れなかったが、もう少し練習したらどんなふうに走れるようになるのだろう。

返却しようとしても誰も受け取ってくれないそのブレードは、結局山本に託されることになった。最初は仮留めの状態で取り付けられていたが、松本義肢製作所の厚意によりしばらくして自分のものとして使えるよう本留めされた。その後、新しいものを購入して返却するまでの約1年間、山本はこの大切な借り物とともに走りの技術を習得していくことになる。


当時山本は、区が運営する体育館に週1、2度のペースで通っていた。年頃の男子らしく筋肉のある美しい体を作ろうとウエイトトレーニングを行っていたのである。その体育館には観客席の上の外周を利用したランニングコースがあった。四方がそれぞれ50メートルほどの短いものだったが、その直線を利用すると短距離走の練習をすることができる。カーボン製のブレードを手に入れた山本は、早速そこで一人ダッシュの練習を始めた。

競争相手がいたわけでも、目標タイムがあったわけでもない。それでも競技用義足を付けて50メートルをただ思いっきり駆け抜けるのは爽快だった。使っているうちにコツを摑むと、どんどんうまく扱えるようになった。左足はなくなったが自分はまたこんなにも走れている。何度もダッシュして、この体で走っているという感覚を確かめる至福のとき。何にも例えがたい走る喜びがそこにあった。

夏休み前、専門学校の先生から大腿義足での走りについて研究している先輩がいることを知らされた。紹介されたのは稲葉智彦という人物である。先輩といっても当時すでに48歳。一度は大学を出て長野県の白馬村でペンション経営をしているらしい。今は義足に興味を持っていて資格を取るために専門学校に通っているという異例の経歴の持ち主だ。義足の学生は一学年に一人いるかいないかという程度だったため、稲葉にとって大腿義足の山本は恰好《かっこう》の研究材料。山本のほうも走りやスポーツに興味を持っているということで、お互いメリットがあるだろうと引き合わせられたのだった。

だが、山本が最も心を惹《ひ》かれたのは、稲葉の大腿義足研究でも競技参加への支援でもなく、彼が持っていた白馬のペンションだった。当時の山本の頭にはスノーボードのことしかなかったのである。白馬にペンションがあればいつでもスノボができる。それが稲葉に興味を持った一番の理由だった。山本は誘惑に早速飛びついた。

第５章
「走る」ということ

「俺、スノボ大好きなんです！　義足でもやってるんです」

「じゃあ、冬とかこもりにくればいいじゃん」

期待通りの言葉が返ってきた。

「行きます、行きます！」

冬休みになると、早速稲葉のペンションに乗り込んだ。他のスキーヤーたちと一緒に居候し、時折ペンションを手伝いながら、それ以外の時間はスノーボードに明け暮れた。春が近づいてもまだシーズンは終わらないと、3月にもまた1週間の日程で白馬村へと出かけた。

だが雪が解けてスノーボードができなくなると、打ち込めるスポーツがなくなってしまう。これまではスノーボードのことしか考えていなかったが、それができないとなると夏にできるスポーツが何か必要である。しかし、そもそも障がい者ができる競技スポーツとはなんなのか、それすらよく知らなかった。

思案を巡らせ思いついたのは、「走る」ということである。走れることは知っていた。自己流ながらも競技用のブレードを使って走っていたわけだし、稲葉が義足の陸上競技についての論文を書いたことも聞いていた。ただ問題は正しいトレーニング方法がわからなかったことだ。もちろん義足でも走れるということ自体に喜びを感じてはいたが、一人でなんとなく走っていることには段々と飽きてきていた。

それならば本気で走ってみたい。ペンションのダイニングで稲葉とともに夕食をとっているとき、思い切って山本は切り出した。

「俺、本格的に陸上をやってみたいんです」

スノボのことしか考えていないと思っていた山本からそんな発言が出てきたことに少し驚きながらも、稲葉はその言葉を嬉しく歓迎した。

「おお、そうか」

「どうやって始めればいいのか教えてください」

稲葉は立ち上がって別の部屋に行くと、一冊の冊子を持って戻ってきた。それは障がい者スポーツ協会の定期刊行物だった。

「ここに日本身体障害者陸上競技連盟（日本パラ陸上競技連盟）の連絡先が載っているから連絡してみるといい」

翌朝山本は冊子に載っていた番号に電話をかけてみた。すると、当時住んでいた愛知県には「名古屋ランナーズ」という団体があり、そこに所属し、連盟に登録すれば大会に出場できるということを教えられた。さらに5月には大阪の堺市で大会が開かれるという。

「よし、この大会に出てみよう」

これと決まれば行動は速い。山本は名古屋ランナーズに登録申請をすると同時に、早速大会への参加も申し込んだ。陸上の大会というスノーボードに代わる新しい目標ができた。そして、目標が見つかったことで再び走ることへのやる気と活力が湧いてくるのを感じた。

初めての大会準備のため、山本はゴールデンウィークに入るとすぐ稲葉のいる白馬村に向かった。スノーボード以外の目的で白馬に出向くのは初めてのことである。山本の練習はスノーハープという長野オリンピックのクロスカントリースキー競技会場として使用された場所で行われた。

クロスカントリー場だからというわけではないが、稲葉はまず山本に2本のスキー用ストックを渡した。両手に持ったストックを地面に突いて芝の上に立ち、ストックでバランスをとりながら、義足側の足を空中で前後に振るというのが最初のトレーニングだった。それが終わると健足側も同様に前後にスウィングさせる。ストックを持つのは片足で立っていても安定性を持たせ、振っている足の運動に集中するためである。前後にスウィングさせる運動が終わると、今度はストックを両脇に突いた同じ体勢で、それぞれの足の太腿を上げる運動を行った。まずは義足側の太腿を上に向かって高く上げる。それから健足側も同様に行う。

両足の腿上げが終わると次は歩行の練習だ。ストックを持ったまま義足側の太腿を上げることを意識しながらゆっくりと歩く。それから健足側の太腿を上げることを意識して歩く。それが終わると両足の太腿を交互に上げながら歩く。最後に少し飛び上がりながら両足の太腿を交互に上げて進む。その練習を何度も繰り返した。そんな山本を見守る稲葉は、山本のまだ見ぬ才能をこのときすでに見抜いていた。

「陸上をやれば、彼は世界一になる」

特訓の成果を試す日がやってきた。初めて義足で出場する陸上大会。100メートルの記録は17秒36、順位は3位だった。

「うわ、遅っ！」

山本の前を走っていた二人は14秒台で走っていた。スポーツ万能だった山本は、これまで短距離走でライバルに3秒も差をつけられたことはない。義足とはいえ、あまりの遅さに自分でも驚いた。

その年の夏、駒井から連絡が入った。

「スプリンターっていう新しい義足が出たぞ。履いてみるか？」

ドイツのオットーボックという会社が新しい競技用義足のブレードを発売したというのだ。新しい物好きの山本は、「履きまーす！」と威勢良く返事した。

ただカーボン製のスポーツ義足は非常に高価なものである。本格的にスポーツをしたいからと名古屋市に特別な申請を出し、松本義肢製作所を通してその最新モデルをドイツから取り寄せてもらった。今まで借りていた義足もよかったが、それはもともと山本の体に合わせて購入されたものではない。通常ブレードは使う人の体重によって異なる硬さのものが選ばれるが、今までのものは彼に最適な硬さというわけではなかった。

だが、今回購入する新しいブレードは自分の体重に合わせたカテゴリー2と呼ばれる硬さのものである。より自分に合った最新のブレードを使えばもっと速く走れるかもしれない。スプリンターへの期待は膨らんだ。

新しいブレードを手に入れた山本は、夏休みに再び白馬のスノーハープで合宿をすることにした。稲葉の教えを乞うため2週間の予定で白馬を訪れた山本を待っていたのは、午前中3時間、そして午後3時間の合計6時間、5月にやった足のスウィングと腿上げのトレーニングを土の上で連綿と反復するという気の遠くなるようなメニューだった。

ペンションの仕事で忙しい稲葉はずっとついて練習を見てくれるわけではない。固定カメラを置いて自分の練習の様子を動画撮影しながら、何十回、何百回と腿を上げ下げし、同じ場所を何度も行ったり来たりしながら歩き続けた。昼休憩にビデオを持って稲葉のところに行き、撮影した動画を見てもらってアドバイスをもらう。そしてまた午後は反復練習の続きだ。

「これ一生やるのか……？」

どんなに辛くても愚痴をこぼす相手すらいない。アルプスの広大な風景に囲まれて、大地をただ踏みしめることだけが山本に許されていた。

3日目にして体が悲鳴を上げる。恥を忍んで稲葉に訴えた。

「しんどすぎるんですけど……」

「じゃあ、プール行ってこい」

と稲葉。

その日はプールに行くだけで許してもらったが、翌日からは再び同じメニューの繰り返し。また2日も経つ頃には心身の疲労がぶり返してくる。高校のバレー部の練習も、岡部のリハビリも比にならない。夏の日差しの下延々と足を上げるトレーニングは孤独な戦いだった。なんのためにやっているのかも、本当に成果が出るのかもわからず、闇雲に続ける練習はただ苦しく地獄のようだった。

もうダメだと1週間で投げ出した。だが「しんどいので途中で帰ります」などと言うわけにはいかない。そこで知恵を絞って言い訳を考えた。

「稲葉さん、静岡で陸上をよく知っている人が合宿で指導してくれるって言うんです。このタイミングしかないみたいなんで、すみませんがそっちに行くことにします」

山本の本心を知ってか知らずか、言い訳を飲んでくれた稲葉は、「わかった。そっちに行くんだったら、ここを去る前に一度タイムトライアルをしよう」と提案した。

その夜、稲葉はスノーハープの土の上に100メートルの距離を測り、健足側だけでも付けるようにとスターティングブロックを設置してコースを作ってくれた。陸上用の本格的ターンではなかったが、記録を測れるだけのレースコースが完成した。白馬を離れるその日、参加者一人だけの小さな記録会が開かれた。

「よーい、どん!」

稲葉の掛け声を合図に勢いよくスタートした山本は、全力で100メートルを駆け抜けた。

タイムは14秒30。初めて出場した大会のタイムから3秒も速くなっていた。合宿中は腿を上げるトレーニングばかりで走る練習は全くしていない。しかも疲労が溜まっている中での記録だっただけに自分でも信じられなかった。

「めっちゃ速くなってる！　マジ？　ほんと？」

興奮して稲葉に尋ねる。手づくりのコースではあるものの、おおよそ正確なタイムだという。そして山本にとってもう一つ驚きだったのは、走っている最中に奇妙な感覚が生まれていたことだった。足を切った断端のところまではもちろん感覚があるが、その先の義足の部分にはないはずである。ところが、まるで爪先まで自分の足であるかのような感覚が芽生えていたのだ。

足を前に出し、膝を曲げ、地面を蹴る感触。それは断端から地面に向かって自分の足が続いているのにほぼ等しい。そしてその幻覚に助けられるように、しなやかに足が回りうまくスピードに乗ることができたのである。それは今まで経験したことのないような不思議な感覚だった。

急にタイムが上がったことで俄然《がぜん》走ることが面白くなる。だが一度帰るといった手前、今更「やっぱり残ってやります」などと言うこともできない。自業自得ながら後ろ髪を引かれる思いで、仕方なく白馬を後にした。

意味もわからず言われるがままにやり続けた、退屈な足を上げるだけの運動がこんな効果を発揮するとは予想もしていなかった。山本は今でも、自分の走りの根底にはあの地獄の足上げトレーニングがあると思っている。陸上について何も知らなかった山本の走りの基礎を築いた人物は紛れもなく稲葉だった。

陸上を本格的にやると宣言したのはいいが、一人で練習をしなければならないという見えないプレッシャーはその後も山本を苦しめることになった。稲葉がいるときはある程度の提案や助言をもらうことができたが、それ以外のときは一人きり。稲葉の指導方針はすべてをお膳立てしてやらせるというものではなかったため、山本は自分でメニューを考えることも求められた。

トレーニングについて書かれた分厚い本が渡され、「これを読んで研究して、自分でメニューを組み立ててみろ」と言われた。アメリカで書かれた本の日本語訳だったが、陸上の専門用語がそこかしこに使われていて、読んでも簡単には飲み込めない。ときに苛立ちながらもなんとか書かれていることを理解しようと、重たい本と格闘した。

バレー部時代の練習メニューをベースに、アップ、スタートダッシュ、それから長い距離を走るというおおよその流れができ上がった。だが近くに陸上トラックがなかったため、実際に走るトレーニングができたのは週に2回程度。走りに行けない日は区の施設でウエイトトレーニングをやった。いつも変わりばえのしない同じメニューの繰り返し。陸上を知らない素人に画期的なひらめきもない。今日は200メートルを3本と思いながらも、3本目はしんどいからまあいいやと2本で終了してしまう日もあった。タイムも一人では測ることができない。どれくらいの成果が出ているのかを知ることもできず、手探りで続けるトレーニングの中でモチベーションを維持するのは容易でなかった。

だがどれだけ辛くても止めなかったのは、走ることが好きだったからだ。そして結果を出すことの快感もすでに知ってしまっていたからだ。

9月に行われた関東身体障害者陸上競技選手権大会で14秒06のタイムを出した。その2週間後には宮城県で行われたジャパンパラリンピックに出場。これまでテレビで見たり話を聞いたりしていた当時の日本チャンピオン古城暁博とついに直接対決することになった。結果は14秒14で2位。14秒06で走った古城には及ばなかったわけだが、実はこのレース、山本はスタート直後に足をつっていた。それでも約0.1秒差まで迫れたことは、日本一になることが現実味を帯びてきているのを感じさせた。

「勝てるかもしれない」

だが、調子に乗りやすいのが山本の欠点である。自分の能力を過信して、走れるようになるまでに手を差し伸べてくれた人たちへの感謝の気持ちを忘れていたことが稲葉の逆鱗《げきりん》に触れた。

「なあお前、ちょっと天狗になってないか？」

14秒14の記録を出した後、結果の報告もせず友人たちと浮かれてはしゃいでいたことへの咎《とが》めだった。

「ちょっと速くなったくらいで調子に乗っているんじゃないぞ」

図に乗っていたことをあまりにはっきりと指摘されたのでどきっとする。

「すみませんでした。僕がよくなかったです。まだ僕は稲葉さんに教えてもらいたいです」

稲葉の前であわてて深く頭を下げ謝罪し、さらなる指導を乞う。自分だけの力で上に行けるとは思っていなかった。力を貸してくれる人、気にかけてくれる人がまわりにいなければ成長できないのも彼である。それは自分でもよくわかっていた。

ところが心を入れ替えてトレーニングに臨んだのもつかの間、シーズン終了と同時にいつも練習に使っていた競技場がトラックの張り替えのために閉鎖されてしまったのだ。練習をさぼるいい言い訳ができたとばかりに山本は、陸上を忘れてまたスノーボードに明け暮れる。走る練習は苦しいからと陸上のためのトレーニングは一切しなかった。稲葉から名古屋大学のトラックが使えるという情報が入っても、大学で練習するということを恐れ多く感じたのもあって、曖昧な返事をしてごまかした。この冬陸上のために何か練習したと言うなら時折やるウエイトトレーニングくらいのものだっただろう。

だが、春先になるとスノーボードができないからまた陸上の試合に出ようと思い始める。4

月初頭、シーズン一発目の大会に出たところ記録はなんと13秒93。

「練習してないのに速くなってる！」

とまた調子に乗った。このとき古城が持っていた当時の日本記録13秒86まで、あと0・07秒のところまで近づいていた。

山本が調子に乗るのは必ずしも悪いことではない。何より山本のやる気を掻き立てるのは結果がついてくることだ。楽しいからとスノーボードをやっていただけで陸上の記録が上がる。さらに自分が人よりも秀でているという優越感を味わうとまた面白く感じる。少し調子に乗せられてこそ本領を発揮するのも彼なのである。

日本記録を超えられるかもしれない。ならば世界の舞台へと進むのが自然な流れだろう。そう考えると、翌年に迫ったアテネパラリンピックに出ることも夢ではない気がした。パラリンピック出場を現実的に意識し始めたのはこの頃である。今までは楽しいことが優先で、苦しいことを乗り越えてまで本気で陸上に取り組んではこなかった。だが世界大会に手が届くところまで来て、指をくわえて見ているだけでいいのか。もちろんそんなはずはない。日本記録を超え、世界レベルへと踏み込むためにはこのままではいけない。享楽主義の自分を制して今こそウサギからカメになるときだ。山本は陸上で世界を目指すため、真摯に努力することを心に誓った。

今までは100メートルという種目のみに出場していた山本だったが、この頃から他の種目にも出場し始めた。静岡で生まれ育ち、一番遠いところでも大阪までしか行ったことのなかった男が、何万円もかけて九州や東北まで遠征する。そのときかけた時間と費用が100メートルを走るたった十数秒で終わってしまうというのはなんとももったいない気がしたのである。せっかくなら他の種目にも出場できないだろうか。

まず考えたのは200メートル。100メートルを走るスキルにプラスして体力がつけば走れるはずだとこの種目にもエントリーし始めた。当時の大会は1日開催ということが多かったが、2日開催の大会も時折あった。すると100と200、1日1本ずつのレースというのでもまだ遠征費の元を取れていないような気がする。もう少しやれるなと思った山本は、走り幅跳びも入れて合計3種目にエントリーするようになった。

山本の2年先輩だった稲葉は専門学校を卒業した後、筑波大学の大学院に進学していた。あるとき彼が行う実験の被験者になってほしいという要請で、筑波大学を訪れることになった。稲葉は山本を被験者にした実験データを使って何本かの論文を発表し博士号も取得することになる。大学の大きな競技場で実験をしながらトレーニングも見てもらえるというのは、山本にとっても決して悪い話ではなかった。

初めて筑波大学での実験に参加して以来、山本は設備の整った大学という環境に憧れを抱くようになった。競技場やトレーニングルーム、研修センターという宿泊施設までが完備されていて、しかも実験までできる。孤独なトレーニングの中で方法論においても施設の面でも行き詰まっていた山本の目に、大学は眩しく映った。本気で走る道を目指すなら、すべてが一つの場所に集約された大学というのは理想的な環境だ。

「ここで練習したら、もっと記録も伸びるだろうな」

ふとそんなことを考えるようになった。高校時代は大学に行く気などさらさらなかったが、この整ったトレーニング施設を目の当たりにしていると、段々と大学に行きたいと思うようになっていた。自分一人での練習にも限界を感じていた。大学に行けば陸上をやっている仲間にも出会える。

だが義肢装具士の駒井の計らいで専門学校卒業後は、奨学金をもらっていた松本義肢製作所への就職という道がすでに決まっていた。奨学金をもらっている以上就職せざるを得ない。それでも大学に行きたいという思いは日に日に募っていく。大学に行って走ってみたい。もっとレベルの高いトレーニングをしている人たちと一緒にやってみたい。なんとかする方法はないか。仮に大学に行くとしたら、どれくらいの資金が必要か4年間の学費と生活費を合わせていくらかかるか考えてみた。1年で約250万円、4年間だと1千万円以上かかる計算になる。それだけの大金を出す価値のあるものなのか。走ることにかけてみたいという自分の気持ちは本物なのか。

悩みに悩み抜いた末、専門学校3年の夏、決意を固めて両親に打ち明けた。

「俺、大学に行きたいんだけど、1千万出してもらえる？」

製薬会社の工場で薬を作る仕事をしている山本の父親は普通のサラリーマン。化粧品会社に勤める母親の収入と合わせても平均的な家庭以上の収入があるわけではない。すぐには返事できないから、まずは財産を確認させてほしいと返事を待たされた。

数日後に両親から返ってきた答えは、1千万出せるという前向きなものだった。三人兄弟とはいえ兄は高卒で大学には行っていなかったため、その分の貯蓄がまだ残っていたらしい。それが山本の大学進学資金として注ぎ込まれることとなった。

両親からの許可と理解は得られたが、奨学金を出してくれていた松本義肢製作所にも話を通す必要がある。本当なら専門学校を卒業してこの恩義のある会社で働くべきだということはわかっていた。でもここで就職してしまったらできないことがある。諦めなければならない夢がある。自分の進路に対する思い、そして奨学金返上の話をするために両親とともに松本義肢製作所に出向いた。

「走るために、大学に行きたいんです。でも大学4年間を終えた後、義肢装具士として働きたいと思っています。そのときに松本義肢製作所で働かせていただくことはできるのでしょうか？」

心苦しくも、誠実な質問だった。このとき山本はまだ義肢装具士として働きたいという希望を確かに持っていた。

「4年経った後に本当にうちで働きたいかなんてわからないだろう」

「でも、働きたいんです」

少し考えてから、若い山本の未来を気遣う社長はこう言った。

「今は契約を白紙に戻して、何もなかったことにしてやる。大学4年になったときにまだうちに入りたいと思うなら、他の奴と同じように応募してこい。今回のことがあったからといって、うちがお前をマイナス評価することはない」

奨学金まで出して受け入れる体制を作ってくれていた会社を裏切るようで胸が痛かった。陸上でやっていきたいなどと言い出して、まわりの人たちを振り回すのは身勝手なことだとわかっていた。だがそこまでしてでも本気で陸上に取り組んでみたかった。社長はそんな若者の気持ちをしっかりと察していた。

「陸上をやりたいというお前の気持ちがわかる。だから大学に行って本気で頑張ってこい。うちはいつだってお前を受け入れる体制はあるんだ」

専門学校の学費として受け取っていた180万円の奨学金を全額返済した。

就職の話を白紙に戻したことを聞いて、駒井は山本のことをひどく心配した。彼の尋常でない熱意と、不可能と思われることをやってのけてしまうエネルギーは誰よりもよく知っているつもりだ。しかし彼は義足。本当に走って飯を食っていくことなどできるのだろうか。そもそも大学にだって入れるのだろうか。

駒井の心配を他所に、山本自身は大学に行くことを表明し、宙に浮いていた覚悟がやっと固まった気がしていた。陸上でやっていきたいとわがままを言って両親にそれだけの投資をさせるわけだ。これからは中途半端にやるわけにはいかない。通常であれば専門学校なり大学なりを出た後は就職して親の脛《すね》をかじるのはそこで終わりだろう。だが専門学校に行った後、さらに大学にも行かせてもらうという負担をかけるのだ。自分にはそれなりの責任がある。これからはそれに見合う態度で挑まなければいけない。

10月、静岡県で行われた全国障害者スポーツ大会（わかふじ大会）に出場した山本は100メートルで13秒83の記録を出した。この大会は独自のクラス分けに準じて実施されたため、このタイムが日本記録として認定されることはなかったが、実質上の日本記録更新の瞬間だった。

日本で一番になった。ならば今度は世界を相手に戦ってみたい、胸に宿ったその野望は、これまで辛い陸上の練習から目を背けがちだった山本のやる気に火をつけた。

「こうなったら本当にアテネに行ってやる」

2003年の秋から冬にかけては山本の人生で最も濃厚な期間だったのかもしれない。大学受験があり、義肢装具士の国家試験があり、そしてアテネパラリンピックの最終選考があった。これまで競技場でのトレーニングは週1、2回程度だったが、このときを境に週4回に増やした。毎日朝から夕方4時までは専門学校に行き国家試験のための勉強をする。それが終わるとすぐ競技場に移動して2時間強のトレーニング。それから自宅に戻って深夜までまた4時間の勉強だ。ハードなスケジュールの日々が3ヶ月ほど続いた。何かに夢中になっている山本に怖いものはない。目標達成までまっしぐら、トレーニングと勉強に没頭した。

ようやく春めいてきた3月。熊本県で行われた九州パラリンピックに山本の姿があった。この大会はアテネパラリンピックの最終選考会でもある。日本身体障害者陸上競技連盟が定めるアテネ出場確定に必要な100メートルのA標準記録は13秒70。

3ヶ月に及ぶ必死のトレーニングの集大成の記録は13秒89だった。調子は悪くなかった。失敗もなかった。記録が出せなかったのは、ただ実力が足りなかったからだ。200メートルもチャレンジしたが、標準記録からは程遠かった。

山本の100メートルのシーズン世界ランキングは7位と比較的高い。A標準を突破していなくても選ばれる可能性はまだある。大会を終えてもわずかな期待がまだ残っていた。しかしそんな希望もしばらくして儚《はかな》く消えた。代表が発表された日、その選手リストに山本の名前はなかった。A標準を突破できなかったのだから仕方ないという思いと、たった0・19秒及ばずしてアテネの夢が破れた不甲斐なさに、なかなか心の整理がつかなかった。

これまでの彼の人生の展開から考えると、本当はここでアテネに出られてしまうはずだった。勘が良く器用な山本はあまり努力せずとも、なぜかうまいことといって簡単にできてしまうのである。野球でもバレーボールでも、努力なんてしていなくても大一番でいつもうまくいく。それなのになぜか今回は違った。努力をしなくても幸運な結末がついてくるはずの山本の人生で初めて、一生懸命やったのに不本意な結末に終わったのである。頑張らなくても報われるはずの山本が、頑張ったのに報われなかった。その理不尽さは彼に尋常でない悔しさを味わわせた。それは山本の人生では少ない「挫折」と呼ぶべき経験だった。

しかし、アテネパラリンピックへの出場権を逃したことは天命だったのかもしれない。コツコツと努力をする人たちを横目に、安易な優越感に甘んじてきたウサギの山本を神はそう簡単に認めなかったのだろう。代表漏れを経験したことは陸上に向き合う山本の態度に大きな変化を起こすことになった。手に入らなかったものをどうしても手に入れたいという欲求が生まれると、努力をすることが苦痛でなくなった。そしてその態度は山本をさらに陸上にのめり込ませていったのである。

「アテネを逃したのだ。北京には絶対に行ってやる」

北京パラリンピックはまだ4年以上も先のこと。だがアテネの出場権を与えられなかったことが山本の本能をくすぐるかのように、まだ遥か先の北京を貪《むさぼ》らせ始めたのだった。

第6章 大学教授の大構想

山本が大学という場所に憧れるようになった頃、大阪体育大学の伊藤章《あきら》教授はある大きな構想を描いていた。

当時実技中心の入試が行われる体育系の大学で、身体障がい者が入学できるところはほとんどなかった。伊藤教授はすべての実技ができなくても、スポーツや身体活動の意義を理解することができるのであれば、体育を学んだという意味では成功であるはずだと考えていた。文学を専攻したからといって物書きにならなくてもいいのと同じように、体育を専攻したからといってスポーツ選手にならなくてもいい。学ぶことによって人間形成ができたり、人生が豊かになったりするということは、体育という学問についても同じはずだ。ならば実技では劣るかもしれない老人や身体障がい者にも体育という学問をもっと勉強してもらえるような受験システムを作るべきだ。伊藤教授はそんな理想を掲げ、学内外に働きかけを始めていたのである。

一方の山本はというと義肢装具士の国家試験と、アテネパラリンピックの最終選考、そして大学受験という三本立ての真っ只中。両親や松本義肢製作所を巻き込んで決意した大学受験ということもあって、とにかく必死だった。稲葉に続けと筑波大学を自己推薦で受験したものの、学力も運動能力も筑波の高いスタンダードには及ばず、第一志望はあっさり落ちてしまった。

「筑波はさすがに無理か……」と思いつつも、どこかは引っかかるだろうという持ち前の楽観思考で、体育系大学の推薦枠を手当たり次第に受験した。東海大学、順天堂大学と軒並み落ちたが、「足がなくなっても頑張る奴の助けになれるなら!」と言う高校の先生からも手厚い支援を受け、大阪体育大学にも願書を出すことになったのである。伊藤教授が独自の体育哲学の構想実現を目論んでいたところに、山本が応募してきたことは運命とでもいうべき巡り合わせだった。

大阪体育大学の受験システムには学力テストも含まれていたが、体育大学であるからには実技テストが入試の主要な部分を占める。義足で走る山本が受験することを知った伊藤教授は、まず彼を採点するための資料集めを始めた。健常者が受験する場合は、日本記録や関西の学生レベルとの比較など、評価基準がはっきりしているため採点は簡単だ。ところが義足で走る山本を評価するとなると、そもそも比較材料となるものがなく、過去の前例もないことから点数のつけようがない。学内でもどう採点するのかが議論になり伊藤教授は障がい者スポーツの日本記録、世界記録、それから同じクラスの他の選手の成績や、山本自身の過去の記録など可能な限りの情報を集めて山本の採点に備えた。

入試の実技テストは、跳躍、投擲《とうてき》、長距離など種目別に大学スタッフがそれぞれの担当に分かれて採点を行うことになっていた。伊藤教授の担当は短距離だったが、義足のスプリントという今まで経験のない入試の採点ということもあって、他の種目を担当していた教員たちに頼んで一緒に山本の走りを見てもらうことにした。

「自分一人の意見だけでは弱いから一緒に見てほしい」

そう謙虚にお願いしつつも、「私はこいつを絶対に入れたいと思っているんだからな」と同僚たちにプレッシャーをかけることも忘れなかった。伊藤教授は義足で走る山本が入学すれば、体育大学を良い方向に変え、そして体育という学問がもっと「大きな体育」になると強く信じていたのである。

実技試験当日。山本は少し緊張した面持ちで会場に現れた。渡された受験者の名簿一覧には、他の選手の名前と一緒に自分の名前が並んでいた。それを見て健常者の受験者たちと一緒に走るのだろうと思った。指示を待っている山本のところへ試験官らしき男性が近づいてきた。

「お前、一人で走れ」

そう言ったのは伊藤教授である。教授の意図はもちろん山本の走りをしっかりと見届けることにあった。彼の走りには特別な関心があった。だから集中してしっかりと見られるように他の受験生と一緒ではなく一人で走ってくれと言ったのである。だが山本からしてみれば人生のかかった大学受験。すでにいくつか落ちている状況でもある。初めて来た大学の実技試験会場で、いきなり一人で走れと言われるのは寝耳に水だった。

「え、あ、はい」

複数の試験官、そして他の受験生たち、入試の手伝いをしていた大学生たちの視線までもが一斉にスタートラインに立つ山本一人に注がれる。雨が降っていた。山本は緊張を制するように呼吸を整えると、たった一人スタートを切った。彼が走る姿を初めて見た伊藤教授は息を飲んだ。

「うわ！　これは彼が今持っている記録なんかよりもっと絶対速いぞ」

山本の走りにはなんとも言えぬ迫力があった。一目見ただけで溢れんばかりの可能性を感じた。トップスピードに乗ったその走りの迫力に、そこにいた誰もが圧倒されていたとき、山本のブレードの先がタータンの地面に引っかかった。義足を前に振り出すことができず前のめりになる山本は、何もできずに肩から地面に突っ込んでいった。70メートル付近での大転倒によりゴールできずタイムはなし。

「どうしよう……」

大切な大学入試で記録なし。しかも転倒で肩を痛めたようだった。動くことができない。毛布の上に乗せられ、その四隅を持つ大学生たちによって倉庫のような控え室に運び込まれた。間もなくして大学の整形外科医が駆けつけた。

「肩の脱臼だね」

医師は外れた肩を入れた後、名古屋に帰ってからきちんとレントゲンを撮って治療してもらうようにと指示をしてその場を去った。近くで様子を見ていた伊藤教授が山本の側までやってきて耳元で囁く。

「体育大学に来たらこんなことはしょっちゅうあると思ったほうがいいぞ。他の学生と一緒にやっていったら、こんなことはよくあることかもしれない。懲りたか？」

山本は気落ちした様子もなく力のある声のまま返事した。

「懲りてません！」

伊藤教授はやる気十分、迫力ある奴だなと感心した。

「だけどお前、学力テスト大丈夫だったか？」

教授の大構想の大切な一端を担うはずの受験生。学力試験の成績が悪いということにでもなれば伊藤教授も救うことはできない。

「ええ、まあまあできたと思いますけど……」

入学試験の判定会議の日、実技試験の評価を行った大学スタッフが集まり、それぞれのつけた点数を持ち寄って話し合いが持たれた。基準をもとに最終的な点数を調整するために、過去の成績や競技歴などを踏まえながら受験生たちが当日どんな走りを見せたかという議論が繰り広げられた。伊藤教授が他の教員たちに尋ねる。

「山本篤はどうだった？」

「いやあ、あれはすごかった！」

「ものすごい迫力だった」

一様に興奮した感想が返ってきた。

「そうだろう？　雨のコンディションでなければ転倒はなかった。あのままのスピードで行っていれば、もっと速かったはずだ」

伊藤教授自身も他の教員たちを説得するように力説した。体育大学の常識からすると、障がい者を入学させると実技の授業の邪魔になると考える人も多い。受け入れる環境が十分かなども含め様々な意見が交わされたが、最終的には伊藤教授が評価した通りの点数に他の教員たちも合意した。あとは学力試験の結果次第である。

伊藤教授が心配していたのには理由がある。自分が体育という学問に改革を起こそうと必死に動いている中、過去にも車椅子の高校生が受験しに来たことがあった。ところが実技試験の出来は良かったものの、教授の期待も虚しく学力試験の出来が悪くあっさり落ちてしまったのである。山本の学力試験の結果はもはや伊藤教授の介入できる問題ではなかったが、幸いなことにテストの出来はそれほど悪くなかったようである。

転倒して記録なしの入試で合格。

「なんで受かったんだろう?」

合格通知を受け取った山本は、入れたのは運が良かったからだとのんきに考えていた。


山本が大阪体育大学に合格したことを伊藤教授は本人以上に喜んでいたのかもしれない。体育という学問をより大きな体育にするのだという壮大な構想が、大きく動き出した瞬間だった。これから彼をどのように指導していこうかと興奮しながら考える。だが義足の選手の指導ということになると知識も経験も全くない。義足の動きを健足に近づけるのがよいような気がするが、それが本当に良いのかどうかはわからない。とりあえずは深く考えすぎずに健常者と同じトレーニングを重ね、どのように変化していくかを見てみることにした。


憧れの大学でのトレーニングを開始した山本。初めは他の陸上部員たちの練習についていくのが精一杯だった。必要なことのみをやるという方針の大阪体育大学の練習量は、他の体育大学に比べれば少ないはずだった。だが山本がやってきた今までのトレーニングと比べると量もレベルも格段に上がっていた。それでも本気でスポーツを志している、自分よりもレベルの高い仲間たちと一緒にトレーニングしているという実感は刺激でもあり、また心強くもあった。

大学の施設も山本が望んでいた通り恵まれたものだった。稲葉に呼ばれて訪れた憧れの筑波大学より綺麗な施設もある。悩んだ末に1千万円を親に工面してもらっただけの価値はあるようだ。

練習をやっているうちに陸上部の女子学生と一緒に走るといい勝負になることがわかってきた。片足を切断したとはいえ、体育大学の男子学生が女子と走るとなると、プライドを傷つけはしないだろうかと伊藤教授は心配した。でも山本はむしろ良き練習相手を見つけたことを素直に喜んでいた。どのように練習すればいいのか迷いながらの孤独なトレーニングから、本気で走って競い合える仲間ができたのは非常に建設的な変化だったのである。健常者の陸上仲間たちと同じ練習環境に身を置いて競技力を高めたいと一心に願う山本の心に、かっこつけのプライドはなかった。

大学という場所での練習の成果はすぐに現れた。入学から約1ヶ月後の5月に大阪の長居陸上競技場で行われた日本身体障害者陸上競技大会で、100メートルの自己ベストを0・29更新する13秒54を出したのだ。これが山本による公式な日本新記録樹立となった。

山本にとって大学で走るということは「自分を知る」ということでもあった。大学でのやり方はただ闇雲に体を動かすというのではない。科学的根拠に基づいた観点からのアプローチが基本である。まずはデータを出し、そこから得られた理論に基づく改善策を導き、工夫しながらトレーニング方法を考え実践するという手順だ。

子供の頃から理屈っぽい性格だった山本は、理由もなく押し付けられることがひどく嫌いだった。だが筋道が通っていると自分で納得できたものはすんなりと飲み込むことができた。頭で理解できた理論をもとに自分で工夫をするのも好きだった山本には、体育大学でのやり方がとても合っていた。トレーニングのための環境は十分整っていたので、授業で理論として教わったことを練習の過程で自分の中に落とし込むという作業を行っていった。日本ではまだ前例の少ない義足の陸上。一人で走っているだけではわからないことがたくさんあった。そんな山本にとって科学理論は強い武器となっていったのである。

どのようにすればより速く走れるかを考える上で一番の問題は、義足側の足をどのように動かすかということだった。義足側の足に健足と同じような動きを求めたほうがいいのか、それとも違う使い方をしたほうがいいのか。その答えはまだどこにもなかった。伊藤教授がこれまでやってきた研究は健常者の走りばかりで、義足の走りについての情報はほとんどない。健常者の走りから導き出された理論と、自分が義足で走ってきた経験を照らし合わせてみると、共通点と相違点の両方がある。つまり走りのすべての側面において健常者と同じようにやろうとすることは必ずしも得策ではないかもしれないわけだ。それでは義足でより速く走るためにはどうするのが最も効果的か。この問いの答えが出るまでには、この先長い年月を要することになる。

とはいうものの、山本自身どこかで健常者の動きに近づけるほうが自分のパフォーマンスが向上するという仮説を支持していた節がある。実際健常者のデータから導かれた理論に従って改善のヒントを得られたものが多くあった。その一つは走り幅跳びの踏み切りに関するものである。山本が悩んでいたのは、踏み切ったときに上方に向かってうまく浮くことができないことだった。

「どちらの足で踏み切っているのか?」

伊藤教授が山本に尋ねた。

「健足で踏み切っています。でも世界のトップはみんな義足で踏み切っているんです」

「そりゃ、そうだろう」

山本はなぜ他の選手たちが義足側の足で踏み切るのか理解できなかった。人間が跳ぶときには膝の屈伸運動を使うのだから、より膝のコントロールが利く足を踏み切りに使ったほうが遠くまで跳べるような気がしていたのだ。

だが、そこでも伊藤教授はまた科学的根拠を持ち出した。垂直跳びをするとき、人は曲げた膝を伸ばすことでそのまま跳び上がる。だが助走から跳ぶ場合、重心を下げるために踏み切りの一歩前で膝を曲げなければいけない。ところが義足側の足が踏み切りの前の一歩になってしまうと、膝がないためスムーズに曲げることができない。ならば膝のある健足を踏み切りの一歩前に持ってきて重心を下げる他ない。そこからうまく義足に体重を乗せて踏み切ることができれば効率的に跳ぶことができるというわけだ。理屈好きの山本はすぐに納得し、踏み切り足を義足側に切り替えることにした。

また伊藤教授は踏み切り板までの歩数を合わせるときの目印を、助走の前半にあたる4歩目と8歩目に置くように指導した。スタート付近では少しの精神状態の違いで歩幅が狂うことがある。だがスピードが出てからの歩幅はあまり変わらないというデータがあったからだ。感覚だけを頼りに練習するのではなく、理屈と経験を照らし合わせ納得することで改善を試みる。それが山本のやり方だった。

理論の応用は義足の選び方にも及んだ。走っている人の足の動きを科学的に分析すると、走る速度が増すにつれて足が地面に接する時間が短くなることが知られている。柔らかい義足を使って速く走ろうとすると、義足が接地している時間が長くなりすぎてタイミングが合わなくなる。よって速く走るためには義足が地面に触れている時間が短くなるように、より硬い義足を使ったほうがよいと考えられた。速く走る健足の動きにならって山本はどんどん硬いブレードへと変えていった。

だが、ただ硬ければいいというものでもないらしい。硬すぎる義足が練習中に空中分解してしまったこともある。うまく前回りして転ぶことで怪我は免れたものの、高価なブレードがそんなに簡単に壊れてしまっては困る。ゴルフクラブでも同じことで、シャフトが硬ければよく飛ぶという単純なものではない。どれくらいにすればちょうど良いのか。それは健常者のデータから一律に決まるものではなく、自分の感覚を信じて解決しなければならない問題の一つだった。

他の研究者からのアドバイスも大学での大きな収穫だった。あるときフィンランド人の学生が修士論文を書くために大阪体育大学に留学してきた。エミリアという名のその学生は、突然山本の走りを研究したいと言い出した。彼の走りをしばらく熱心に観察した後、北欧女性らしく少し気の強い彼女はその走りについてある指摘をした。走っているとき、山本の上体が左右に揺れているというのである。それは義足側の足が体のラインから外側に出ていることとも関係しているようだった。彼女は左右の揺れを防いだほうが、効率よく地面を蹴ることができると考えた。これは山本の走りを見慣れてきていた伊藤教授が気付かなかった点である。両足が健足であればこのような左右のぶれはない。彼女の指摘を受けて山本は左右のぶれをできるだけ少なくする走り方を心がけるようにした。段々と左足が体のラインに収まるようになり左右が対称になった。すると左右の揺れも少なくなり健足のランナーのフォームに近づいていった。

他人のデータから学ぶだけではなく、自らの走りを実験で分析することも行った。走っているときの動きを科学的に検証するのに有効なのが動作分析という方法である。頭から爪先までマーカーと呼ばれる体の動きを感知する装置を付けて、ハイスピードカメラで撮影する。その映像から特別なソフトウェアを使って自分の体の様々な箇所にポイントを打つ。ポイントをつなぎ、曲がらない骨の部分を棒線で描くことによってスティックピクチャーというモデル化した棒人間の像を作り、人体の各部分における動きの角度や角速度を測るのである。筋肉に電極を貼り、走る過程のうちどのタイミングでどの筋肉が活動しているのかを調べる実験も行った。

その結果は義足にも健足と同じような力が働いていることを示していた。通常大腿義足を付けている人は、腰を使って義足を操っている。ところが山本の場合、足の断端部分で義足を動かして走っていることがわかった。これは健足により近い形で義足側の足を動かしているということを意味している。断端の筋肉の動きも健常者の大腿の動きと非常に似ていた。足を前に振り出すときには太腿の前側の筋肉を使い、地面を蹴って進むときには後側の筋肉を使っている。腰回りの筋肉においても健足と同じような働きをしていることが確かめられた。それならば義足側においても健常者の走り方を真似てみる価値は実際ある。

またこの分析は膝関節、股関節、足関節、体幹といったそれぞれの部分が、健常者と比較した際に前後にどれくらいぶれているのかを数字で示してくれた。顕著だったのは義足側の足を振り出すときに体幹が後ろに傾いていることである。体幹の後傾の理由は義足側の股関節を曲げる筋肉が弱いために体幹を使って腿を上げていることだと考えられた。体幹の後傾が起こるのは、ちょうど健足が地面に接地しているタイミングである。これでは健足で地面を蹴るときに、傾きの影響を受けて、他の筋肉を効果的に使うことができない。体幹が健常者と同じ正常な位置にある状態でキックできるようになれば、さらに大きな推進力を得られるはずである。

山本はこの考察を受けて、股関節を屈曲させる腸腰筋と大腿直筋を重点的に鍛えることで体幹の後傾を防ごうと考えた。筋肉トレーニングによって体幹のぶれが改善されると、振り出すときに腿が上がりすぎていたのが緩和されていった。左右の足の振り出し角度がほぼ同じになり、余分な力の損失もなくなると、よりいいポジションで力を入れることができるようになった。そしてその効果はタイムにも反映されていた。

山本は人体の構造や運動を力学的に探究する学問であるバイオメカニクスにおける利用可能な限りの情報の中から、自分の走りに活かせるものを吸収していった。健常者の走りを真似たほうがいいのかそうでないのかという問いの究極的な答えは出なかったが、健足の走りで力学的に理にかなっているものを取り入れることで、義足で走るときのデメリットを補完することができるようになったのである。

本格的に陸上をやることを志してから山本が不満に思っていたのは、障がい者選手は健常者の選手に比べて試合に出るチャンスが極端に少ないということだった。大学の仲間たちが大会に出ていても、自分はまだ先の障がい者の大会まで待たなければいけない。それはフラストレーションの溜まることだった。山本からそのことを聞いた伊藤教授は、健常者の選手と同様に日本陸上競技連盟に登録してみてはどうかと提案した。障がい者の大会を待つばかりではなく、健常者の大会に出場機会を求めようというのである。

登録のためには各都道府県に置かれている陸上競技協会に申請すればいい。山本は当時住んでいた大阪府の陸上競技協会に登録を申し込むことにした。しかし伊藤教授は義足の選手というこことで登録に支障が出るのではないかと心配していた。ここで躓《つまず》いては「大きな体育」への構想も廃ると一肌脱いだ伊藤教授は、山本の代わりに自ら府の陸上競技協会に掛け合った。その甲斐あって山本は健常者の大会への出場権を手にしたのである。

山本が初めて出る健常者の大会を前に、伊藤教授はその試合で審判長を務めることになっていた知り合いに連絡を入れた。健常者の大会に義足の選手が出た例はこれまでほとんどなく、関係者も見慣れない義足で走る山本に非難や差別の眼差《まなざ》しが向けられないかと懸念したのである。

「うちの学生が今度の大会に出場するんです。片足が義足の選手なんですが、健常者の大会に出ても大丈夫でしょうか？」

「日本陸連に登録しているなら、出場して構わないんじゃないか」

「そうですか！　それなら他の審判の方にも、『なんだお前は？』って言われないようになんとか言っていただけると助かります。どうかよろしくお願いします」

伊藤教授の懇切な計らいのおかげか、健常者の大会で山本が理不尽な扱いを受けるようなことは一度もなかった。だが健常者の選手と平等に扱われるということは、同じ標準記録が適用されることを意味していた。つまりエリート選手たちが出場する大会に出るためには、それなりのタイムを出さなければならないのである。義足で走る山本がレベルの高い大会の標準記録を切るのはなかなか難しかった。

それでも山本は健常者と平等に扱われ、より多くの大会に出るチャンスを得たことを喜んでいた。標準記録が設定されない記録会を中心に出場し、自分の実力を試しにいった。健常者を相手に大腿義足で走るとなると、ライバルたちには全く敵わないレースがほとんど。まともに張り合えるのは中学生くらいだった。中学生の遅いランナーたちを餌食にしようと必死に走った。大学の練習で張り合えていたのが女子だったことから、一度女子選手と一緒に走らせてもらえないかと尋ねてみたことがある。しかし「男子100メートル」という競技は男子のみで構成されるというルールがあるため、女子と一緒に走ることは認められないと言われた。

「そりゃそうだよな」

山本は義足だからと特別扱いされることなく健常者の選手と同等の立場でレースに出られることを楽しんでいた。


山本が大阪体育大学に入学して以来、目が見えない人、耳が不自由な人、車椅子の人など、様々な障がいを持つ学生が入学してくるようになった。大学の教員たちにとっては入試での評価も難しく、保守的な日本の体制の中では否定的な声が絶えなかった。

「他の学生と同じ条件で実技の授業をやっていくのは無理ではないか」

「そういう学生に合わせて対応していくのは面倒臭い」

「車椅子がアクセスできるようなトイレを作らなければいけないが、今すぐにそれはできない」

その度に伊藤教授は、

「私が責任持って指導するから大丈夫だ。ハード面を先に整える必要は必ずしもない」

と説得した。その自信の源となっていたのは山本を指導してきた経験だった。

障がい者が体育大学でスポーツを学ぶということについての議論には「怪我をしたらどうするんだ?」という意見もついて回った。だが山本は怪我に強かった。体が痛まないのである。日常生活も含めて健足に相当な負担がかかっているはずなのに、肉離れしたことが一度もない。膝も丈夫だ。それはトレーニングの中で自分にプレッシャーをかけていく際にも非常に有利だと言える。あえてやった怪我を挙げるなら、大学入試の実技テストでの肩の脱臼とスノーボードでの転倒、それから17歳のバイク事故だというのはなんとも皮肉な話である。だから障がい者がスポーツをやって怪我をしたらどうするのだという問いに、伊藤教授は機知を持ってこう答えることにしている。

「みんなもうすでに怪我してるわけだから大丈夫だ」

山本の存在は、様々な背景を持つ学生たちが体育大学でもやっていけるという雰囲気を作り出していった。伊藤教授は大阪体育大学の外に対しても、障がい者が体育大学という場所で学術面においてもスポーツの実践においても成果を出していると発信できるようになったという。大学で体育を学ぶ障がい者選手も増えている。実際パラ陸上選手でパラリンピックメダリストの辻沙絵《さえ》は日本体育大学の現役学生であり、またパラ水泳選手の山田拓朗は筑波大学出身だ。

もちろん必ずしも大学側に、障がいのある学生を受け入れるのに万全な設備が整っているわけではない。すべての教員の理解を得られるわけでもない。だから入学を希望する人たちに伊藤教授はいつも決まって、「この環境はすぐには変わらないから、受け入れ体制に期待するな」と現実を突きつける。

山本はその点で甘えることは一切なかった。もともとこれと決めたものに対しては自分にも他人にも厳しい性格だ。

「障がい者だからって手助けしてもらえるのを当たり前だと思うな」

それは山本の自分自身への戒めの言葉でもある。

コツコツやるのが苦手な「ウサギ」の山本を尋常でない努力へと駆り立てていたのは、彼の負けず嫌いな性格だ。それは健常者に負けたくないという思いにもつながっている。健常者の学生に交ざって走り高跳びをやり始めたときのこと。明らかにバーが落ちているにもかかわらず、「俺はもう一回やる！」と言って聞かない。「もう、いいだろう」と伊藤教授がなだめても、

「いや、まだまだです！」

山本は納得いくまでやり続けたのだった。

山本が負けず嫌いぶりを発揮するとまわりもそれに反応してしまう。

伊藤教授と山本が一緒にゴルフに行ったときのこと。伊藤教授のほうがゴルフの腕前は数段上なのだが、器用な山本は一本足打法でかなりのティーショットを披露してみせた。すると伊藤教授もライバル心をくすぐられ真剣になる。

「足のない奴に負けてたまるか！」

むきになって山本に対抗した。

いつしか健常者の学生が山本のやり方に影響を受けて教えを乞いにやってくるようになった。足のない人間が足のある人間に走り方を教える。「障がい者は健常者よりも劣っている」そんな既成概念を山本はいつも否定したがった。そしてそれを体現してみせようとしていた。

障がい者が体育大学で学ぶことの影響は意外なところにも及んだ。プロのスポーツ選手になることを目指して体育大学に入ったものの、練習中の怪我で障がいを負い、大学を辞めざるを得なくなる学生たちがいた。体操で脊椎損傷を負った学生、テニスボールが目に当たって失明した学生。競技スポーツをすることがすべてという風潮の体育大学では、障がいを負ってもスポーツを続けていくという道を見つけられずに皆大学を辞めていった。

山本の在学中、円盤投げのインターハイ優勝者が大阪体育大学に入学してきた。活躍が期待される選手だったが、入学早々単車で事故を起こした。右手が全く動かなくなり、足も一部機能不全になった。円盤投げを続けることができなくなり、大学を辞めようと考え始めていた彼に山本は言った。

「やればいいじゃん」

いとも簡単に放たれた一言。彼の耳には厳しい言葉として響いたのかもしれない。でも山本から見ればそこに大学を辞める理由なんて一つもなかったのだ。

その学生は大学を辞めなかった。機能の失われなかった左手で砲丸を投げ始めた。自分の投げを分析し、それをトレーニングに反映させ、パフォーマンスの改善に努めるようになった。

今の彼と山本に共通するのはこんな思いだ。

「障がいを負ったおかげでさらにいい人生になった」

第7章 世界が舞台

大学1年の夏休み。アテネパラリンピックに行くはずだった時間がぽっかりと空いてしまった。パラスポーツの最高の舞台に立っているはずの自分が、なぜか日本の蒸し暑い夏の中に取り残されていた。時間と同じように心にもぽっかりと穴が空いてしまった。トレーニングをする気力も起こらない。

陸上部の練習があるにもかかわらず先輩に、「俺、2週間くらいいなくなります」とだけ言い残してバイクの旅に出た。

大阪から京都まで行き、そこからフェリーに乗って北海道の小樽を目指す一人旅。小樽、札幌、稚内と一泊ずつ、バイク乗りの宿であるライダーズハウスに泊まった。台風で足止めにあった網走で二泊した後、またバイクに乗り帯広、室蘭、そして函館。一泊千円や二千円、無料のところもあった。相部屋で出会ったいろんな人たちと語り合った。誰も陸上のことは知らなかったし、話題にも上ることはなかった。陸上のことを忘れて過ごす時間が必要だった。函館からフェリーで青森に渡り、バイクで秋田を通って仙台へ。また仙台からフェリーで名古屋に行き、名古屋からは再びバイクで大阪まで戻った。これがその夏の傷心旅行。

2週間、完全に陸上から離れて過ごしてみると、頭がクリアになっていた。4年後の北京を目指すと誓ったはずではなかったのか。そのためには今から準備を始めなければならないはずだ。少し焦燥感を覚えながら大学の競技場に現れた山本はやる気十分。集中して再びトレーニングを開始した。

アテネ出場は逃したものの、山本が国際舞台へのデビューを飾るまでにそれほど時間はかからなかった。駒井が撮ってきたビデオに映っていたアメリカ人の義足のランナーやいつか雑誌で見た義足のスノーボーダー、山本の脳裏にはいつもそのイメージがあった。外国では義足のスポーツがもっと進んでいる。そう思うと海外の大会への憧れは益々強くなっていった。

初めて国際大会に出場することになったのは2005年。大学2年生の夏休みにフィンランドで行われたオープンヨーロッパ陸上競技選手権である。初めての国際大会の雰囲気は期待にも増して格別だった。

「こんな舞台で俺も走れるんだ！」

会場入りしてから出会うのは当たり前だが外国人ばかり。今まで出場してきた大会とは全く違う新鮮な空気に興奮し胸が弾んだ。それと同時に言葉の壁にもぶち当たった。大会関係者とのやりとりはすべて英語。時差ぼけにこそならなかったが、大会前のコンディションを整えるために自分の快適な環境を確保するのにも、日本の大会とは違う苦労があった。

日本記録保持者としてこの国際舞台にやってきた山本だが、世界レベルで自分がどれくらい通用するものなのかはまだ未知数だった。会場には前年の夏にアテネパラリンピックで１００メートル、２００メートル、走り幅跳びの三冠を成し遂げているヴォイテク・シスの姿があった。自分のやっている種目のすべてにおいて金メダルを総なめにしたこのドイツ人は、言い知れぬ王者の風格を漂わせていた。

「これが世界チャンピオンか」

山本は初めて間近に見るシスのオーラに圧倒された。世界には自分より高いレベルの選手たちがまだまだいる。そして彼らは日々の厳しいトレーニングを積み重ね、この国際的な舞台に挑んでいる。それを肌身で感じる経験は山本の目を開かせた。

世界チャンピオンと初めて同じスタートラインに立った山本。たった十数秒の戦い。１００メートルのレースを制したのはやはり王者シスだった。

だが記録をよく見てみると、13秒75で5位だった山本と3位の選手とのタイム差は意外にも0.3秒ほどだ。

「もう少し頑張れば、メダルに手が届くんじゃないか？」

初めての国際大会での成績は、世界レベルで戦っていけるという確かな手応えを感じさせた。世界の壁は思ったほど高くないかもしれない。

走り幅跳びでは5メートル33で銅メダルを獲得。この種目でもやはり金メダルを取ったのは世界記録6メートル23を跳んだシスだった。自分より1メートル近くも遠くへ跳ぶ世界チャンピオン。王者の強さを目の前でまじまじと見せつけられた。同じような志を持つ世界の選手たちと出会い、競い合うことはとても刺激的だった。国内ではライバルと呼べる選手たちも限られている。だが世界には山本より上の記録を持つ選手たちがたくさんいた。

山本は初めてやってきた海外の大会で外国人の友達を作りたいと思っていた。様々な国から集まった選手たちに拙い英語ながら積極的に話しかけてみる。その中でも、いくつかの種目で一緒に競い合った同じクラスのイギリス人選手が気になっていた。なかなかのイケメンぶりが山本の注意を引いたのである。

「せっかくならかっこいい人に近づきたい。せっかく外国人の友達を作るならイケメンのほうがいい」

そう思ってレースの後、ジョン・マクフォールというその選手に思い切って声をかけてみた。

「アツシって言うんだ。Tシャツを交換しないか?」

ジャパンチームのTシャツを差し出す。

「僕はジョンだ。是非交換したいんだけど、今Tシャツを持っていないから後で部屋に来てくれないか？」

大会最終日の夜、山本はマクフォールの部屋に行った。イギリスチームのTシャツをくれた彼は、「一緒に飲みに行こうぜ」と気さくな笑顔で山本を誘った。

この大会で選手の宿泊施設となっていたのは大学の寮。昼間は食堂として使われている場所が夜は学生たちの溜まり場となっている。二人は賑やかな音楽ががんがん鳴り響く食堂に下りていきワインを飲み始めた。

知り得る限りの英語を総動員してマクフォールと話をしてみると、彼にとってもこの大会が初めての国際大会だということがわかった。年齢も山本の一つ上で近い。100メートルの成績も4位で山本といい勝負をした相手。すぐに親近感を覚えた。アテネ以前の大会にも出場していた選手たちはすでにお互い顔なじみだっただけに、山本とマクフォールには新顔同士の結束が生まれた。初めて世界の舞台を踏んだ二人のアスリートは、いつまでも薄明るいフィンランドの夏の夜の鳴り止まぬ音楽の中で、気付けばライバルであり友であるという関係になっていた。

なんとか簡単な英会話はできたものの、フィンランドでの経験は山本にもっと英語がうまくなりたいという思いを強く抱かせるようになった。もっとマクフォールと話をしてみたい。同じものを志して戦っている海外選手たちの感じていること、考えていることを聞いてみたい。

そう思った山本は日本に帰国後早速、週1回の英会話教室に通い始めた。今まで学校の授業での英語は苦手だったし、特別勉強したいと思ったこともなかった。だが実際に海外に出て、他の選手たちとコミュニケーションをとりたいという思いが、英語の授業に対する彼の態度を変えた。今まで退屈だと思っていた大学の授業も最大限に有効活用することに決めた。ネイティブの英語教師と会話できるクラスでは、他の学生たちが単位を取るためだけに教室に座っている間も、山本は熱心に教師に話しかけて英会話の上達を図ろうとしたのだった。

翌年の9月、オランダで行われるIPC世界陸上競技選手権に出場するために再び欧州へと飛んだ。この大会はパラリンピックの前哨戦とも言われる大会で、シーズンの中でも一番大きな大会だ。そこにはマクフォールはもちろんシスも来ていた。山本はその数ヶ月前にドイツで行われた大会でもマクフォールと100メートルで対戦していたが、12秒台を出してきた彼に金メダルを奪われていた。

この大会で山本が出場する最初の種目は走り幅跳びだった。シーズンの世界ランキングは2位。期待のかかる一戦だ。だが山本は2006年に入ってすぐにブレードを新しいタイプのものに変えていた。幅跳びの義足は新しいものに変えると感覚を自分のものにするのに時間がかかる。半年以上経ってもまだ完全には馴染んでおらず、最適な設定も決まっていなかった。走るたびにフォームが違う状態で、リズム、歩数、そしてストライドの長さが安定しない。不完全な状態で臨む大会となった。

少しでも良くしようと、膝に対するブレードの位置を前後にずらしたり、ブレードの長さを変えたりしていたが、その実験的な調整が試合で裏目に出ることになってしまった。2本目までに出せた記録は4メートル77。3本目以降のジャンプでは踏み切り板に足が合わずすべてファールという惨憺《さんたん》たる結果となった。このシーズン、5メートルを切ったことは一度もなかっただけに、重要な大会で5メートルを大きく下回る結果しか出せなかったことは自分でも情けなかった。

だが、すでにいくつかの国際大会を経験していたことは、メンタル面で山本に大きな差異をもたらしたのかもしれない。世界の舞台を踏むようになってから予期せぬ事態にも動じずに対処できるようになっていたのである。

最終日、100メートルのレースが行われた。義足の具合は決してよくはなかったが、幅跳びの助走を合わせることに比べれば、ただ速く走るというのはそれほど問題ないように思えた。調子が悪いのであれば、それはそれでやってみようと開き直って試合に臨む。

思いがけずレースは波乱の展開となった。スタートリストには8人の選手の名前があったが、3回のフライングがあり冷静を欠いた選手たちが次々と脱落していったのだ。さらにはスタートの合図の暴発まであり、選手たちの多くが精神的に乱されていた。本当のレース開始となったのは、5回目のスタートだった。そこに残れたのは5人の選手だけ。最後まで集中力を切らすことなく自分の走りを見せた山本は13秒72で銅メダルを手にした。

山本のすぐ上にはまたしてもマクフォールがいた。そして、金メダルを獲ったのは走り幅跳び、200メートルと合わせまたしても三冠を獲った王者シスだった。それでもリレーでの銀メダルと合わせて二つのメダルを持って日本に帰国したことはとても誇らしかった。


海外遠征では様々な珍事も起こった。ドイツでの試合に行った際、宿泊しているホテルの住所の書かれたものを何も持たずに出かけてしまったことがある。タクシーに乗って日本食を食べに行き、帰ろうとしたが住所がわからない。わかるのは「ホリデーイン」というホテルチェーンに泊まっているということだけ。ところが不運なことにその町にはホリデーインが複数あった。タクシーの運転手にとりあえず一番近いホリデーインに連れて行ってもらったもののどうもここではないらしい。

困り果てていたところたまたま財布にオランダ人大会役員の名刺が入っていることに気付いた。電話してみるが英語もよくわからないため、そのままホリデーインの人に代わって話をしてもらった。ようやくどのホリデーインに泊まっているのかが判明し無事に帰ることができた。ホテルの親切なスタッフには感謝するばかりである。

しかしハプニングは続く。試合を終えてホテルを後にしたときのことだった。フランクフルト空港行きの電車に乗ったつもりが、フランクフルト中央駅に到着してしまった。本当ならキセルにあたり50ユーロの罰金を取られる乗車区間だった。だが幸いにも優しい駅員に助けられ、罰金を免れただけではなく空港への行き方も丁寧に教えてもらい飛行機に乗り遅れることはなかった。

そんなふうに世界中どこに遠征に行っても親切な人々にいつも助けられている。

翌年も積極的に国際大会に参加した。6月、またドイツで大会があった。現地に到着したその日、ホテルでばったりマクフォールに会った。

「おお、アツシ元気か？ 今日、練習はどうするつもりだ？」

親しげに話しかけてくる。

「今日は練習しないつもり。明日からだな」

「じゃあ明日一緒に練習場まで行こう。晩飯はどうするつもりだ？」

日本チームの他のメンバーが出場していないこの大会に山本は一人きりで乗り込んでいた。

「まだ決めてない」

「それなら一緒に行こうぜ」

マクフォールの誘いで二人はレストランに出かけることになった。一緒にテーブルについたものの、山本は英語で書かれているメニューの中身がいまいちわからない。それに気付いたマクフォールは英語のメニューを、山本にもわかりそうな簡単な英単語を使って説明し始めた。

「これはポークで、衣をつけて揚げてあって、ソースは……」

彼の親切な努力も虚しく結局山本はそのメニューを正しく理解することができなかった。

「ジョンのオススメにするよ」

もちろん、2年間の英会話の特訓の甲斐がなかったわけではない。食事をしながらマクフォールに前年聞けなかった質問をいろいろと投げかけてみる。すると彼もまたバイク事故が原因で足を失っていたということがわかった。事故のタイミングも陸上を始めたタイミングも、アテネに行けなかったことも、自分の歩んできた人生とあまりに似ていることに驚く。義足で走れることが嬉しくて一人きりで練習していた頃、世界のどこかに自分と同じような境遇で同じものを夢見ている人がいるなど想像もしていなかった。

山本が英語でうまく表現できないときでも一生懸命耳を傾けてくれる気立てのいいマクフォールだったが、試合ではどこまでも手強いライバルだった。世界の様々な場所で競い合ったがいつも山本の負け。一度マクフォールの地元イギリスのマンチェスターで行われたレースで、かなりの僅差まで迫ったことがある。得意のスタートでリードを奪ったが、ゴールライン間際でわずかにかわされた。たった0・08秒の差だったが、またしてもマクフォールの勝利だった。

「いつか絶対に勝ってやる」

届きそうで届かない、友人でありライバルであるマクフォールの存在は、試合の度に山本の闘志を掻き立てた。

義足になって始めた陸上は、山本に世界へと飛び出していく機会を開いてくれた。そして英語で世界中の人々とコミュニケーションをとる楽しさを教えてくれた。義足になっていなければ、陸上を始めていなければ、こんなにたくさんの国を飛び回ることも、全く異なるバックグラウンドを持って生まれながら同じものを目指すようになった仲間たちに出会うこともなかったのかもしれない。そして世界へと飛び出していったことは、競技力の向上だけでなくパラスポーツのあり方、そして自分自身についての新しいビジョンを彼に持たせるきっかけとなった。

大学4年になった山本は再び人生の岐路に立たされていた。彼の前にはまず二つの選択肢があった。専門学校卒業のときに考えていたように松本義肢製作所に行って働くか、あるいは大学院に進学しさらなる研究をしながら選手を続けるかである。専門学校卒業時には、大学を卒業した後は義肢装具士になると思っていたが、世界レベルで陸上をやるようになった今、もうその道は考えられなくなっていた。

陸上を中心にやっていける環境に身を置きたい。それが彼の強い希望だった。トレーニング環境という意味でも、自分の走りを分析し改善するという意味でも、大学という場所は理想的であっただけに、彼の気持ちは大学院進学に傾いていた。伊藤教授もその意志を歓迎し、山本が正式に大学院受験の願書を出すことになると、できる限りの手助けをしてくれた。

たまたま静岡の実家に帰ったとき、自動車販売店の社長をしている両親の友人と話す機会があった。

「もう大学4年だろう？　就職はどうする気なのか？」

社長が尋ねる。

「まだはっきり決まってないです。これからも選手として試合には出続けたいと思ってますが」

「じゃあ、スズキに話してやるよ。陸上部もあるみたいだぞ」

その人の経営している販売店がスズキの代理店だったことが縁で、スズキ株式会社に履歴書が渡ることになった。話はトントン拍子に進み実業団選手としての採用の話が出てきた。9月末には浜松市にある本社に呼ばれた。

「うちとしては是非採用したいと思っている。親御さんと話して返事をしてほしい」

スズキの陸上部にはオリンピックにも出場する一流のアスリートたちが在籍していた。当時所属していたのは、槍投げの村上幸史《ゆきふみ》、走り幅跳びの井村（旧姓：池田）久美子、長距離のマーティン・マサシ等である。健常者の一流アスリートを抱えている企業でも、パラスポーツの選手を同じような待遇でサポートすることは当時まだ稀《まれ》であった。パラスポーツはサポートする企業にメリットがあるほど、まだ広く認識されていなかった時代である。山本はパラスポーツの選手でありながらこのような申し出を受けたことに驚いた。スズキの本社のある静岡県出身の山本にとっては、「地元の選手が地元の企業で頑張るというのがいい」と言われたことも良縁に感じられた。両親とも話をし、採ってもらえるなら入ったほうがいいと就職を決意した。

だが、スポーツ選抜での大学院博士前期課程の受験資格審査にすでに通っていたこともあって、今更進路を変えることに不安もあった。専門学校卒業のときのように、また身勝手にまわりを振り回してしまうという後ろめたさもある。申し訳ない思いで伊藤教授に報告に行った。

「スズキへの就職が決まりそうなんです」

「いいじゃないか。大学院のほうは心配しなくて大丈夫だ」

山本の不安を他所に、待っていたのはまたしても山本の気持ちを尊重し、最善の未来を願う教授の温かい言葉だった。

スズキに採用受諾の返事をする際、トレーニング拠点は大阪体育大学とすることを条件として出した。練習環境としては今まで通り設備の整った大学が最も相応しいと考えたのである。スズキのほうからも山本が一番良いと思う環境を選んでいいという返事があり、大阪の営業所配属にしてもらえることになった。「アスリートと共にスポーツに取り組み、社会的な信念として サポートする」というスズキ。広告宣伝効果のために支援するのではなく、選手として最も良い条件のもとにスポーツに取り組める場を提供すると山本に約束してくれたのである。

スズキが山本に提示した待遇は、当時のパラアスリートとしては異例の好条件と言える。当時パラスポーツをやっている選手は、プロアスリートと言っても生活費の中から遠征費をなんとか捻出する形で試合に出ている人がほとんどだった。

まず他の社員が午前8時45分から午後5時まで勤務を課されているところ、山本は午後2時には勤務を終えてよく、その後の時間はトレーニングに当てることができる。2時までの時間は大阪の営業所で電話対応や接客、他の営業マンの補助をする。会社の陸上部が主催するものに限らずすべての合宿トレーニングと遠征は勤務日として扱われ、週末の試合に出場すれば代休を取ることができる。海外遠征は海外出張として扱われ日当が支給される。もちろん遠征費も出してもらえる。1本百万円する義足も、壊れた場合はすぐに会社が購入してくれる。さらに国内大会での成績に応じて支給される陸上手当、国際大会での成績がよければ与えられるインセンティブ、日本記録・アジア記録・世界記録をそれぞれ更新するごとにも賞金が与えられる。スズキに所属する他のオリンピック選手たち同様、山本は競技に専念するのには申し分ない待遇を得たのである。

無事に大学を卒業した山本は2008年4月、スズキの新入社員となった。実業団選手としてお金をもらって陸上をやるということは、企業の期待に応え成績を出さなければいけないということでもある。山本はそのプレッシャーを「応援してくれる人が増えた」とポジティブに受け止めていた。もともと注目を浴びるのが好きな山本。期待されて悪い気はしなかった。

日々のトレーニングは大阪が拠点のため、スズキの陸上部の本拠地である浜松に行くのは年に10回程度だった。浜松に行くときは陸上部の寮に宿泊して、チームメートたちと1泊2日で顔を合わせてミーティングを行う。年に1、2度は場所を変えて合同でトレーニングをする合宿も行われた。

スズキの陸上部に入って何よりも山本に刺激を与えたのは、オリンピックに出ている選手たちとの交流だった。パラリンピックとオリンピック、戦いのフィールドは違っても、やっているのは同じ陸上。世界トップのレベルで戦う人々の集う場所に属しているということで、自分も同様に世界を軸に戦っているのだという実感を抱くことができた。同じ陸上部の選手たちが世界の大会で結果を出すと、自分も同じことを成し遂げたくなる。そしてそれが可能なのだとリアルに感じることができた。自分も彼らと同じものを目指している、世界の舞台で勝つためにトレーニングをしている。そう思うと日々の練習への身の入り方も違ってくるのだった。

トップ選手との交流の中で山本が気付いたのは、強い選手たちはオンとオフの切り替えがはっきりしているということだった。やるときはやる、遊ぶときは遊ぶ。山本ももともとそういうタイプだったが、強くなる選手はやはりメリハリをもってトレーニングに取り組んでいるのだとわかると、自分の生活のリズムの作り方にも自信が持てるようになった。

村上幸史のリーダーシップにも強い影響を受けた。彼のチームを引っ張っていく統率力とカリスマ性は山本にとって憧れだった。彼が「行くぞ！」と言うとき、そこには有無を言わせない力がこもっている。実際に会って一緒に活動する機会が少ない中でも、トップ選手たちのパワーをしっかりと汲《く》み取っていた。

スズキの陸上部にはその後も様々な選手が出入りし、最近の2014年インチョンアジア競技大会・アジアパラ競技大会でも、2016年リオデジャネイロオリンピック・パラリンピックでも、日本一強い陸上部と呼ばれた。1チームから6人というリオの代表選手輩出人数は、他のどの企業の陸上部にも勝っていた。レベルの高い選手たちを生むトレーニング環境に身を置いているというそのこと自体も山本の自信につながっていた。

山本がスズキに入社した2008年はパラリンピック北京大会の年である。パラリンピックはオリンピックと同様4年に1度しか開かれない。それゆえに選手たちにとっては非常に大きな意味を持つ国際大会である。標準記録にわずか0・19秒届かず出場し損なったアテネ大会から4年の月日が流れていた。その間今までしたこともないような努力を積み重ねてきた。あのときの悔しさを味わったことで欲しくてたまらないものができた。そしてそれを貪っていくうちに陸上というものに心底はまっていた。

そしてついに手に入れたパラリンピックへの切符。2004年からは考えられないほど山本自身も大きく成長していた。走り幅跳びでは2005年のヨーロッパオープンで銅メダル、100メートルでも2006年のIPC世界陸上競技選手権で銅メダルを獲得した実績がある。北京パラリンピックでは出場する二種目両方においてのメダル獲得を目標として定めた。

初めて出場するパラリンピック。「鳥の巣」の愛称で呼ばれる北京のメインスタジアムには連日大勢の観衆が詰め掛けていた。9万人を超える観客の前で競技するなどという経験は山本の人生でも初めてのことだ。4年に一度の大イベントに沸く独特の雰囲気。8月末日に北京入りしてから最初の試合までの2週間の調整期間中、この特別なスポーツイベントに自分も半分浮かれているようなふわふわとした気持ちにずっと惑わされていた。

まず選手村という環境に戸惑いを覚えた。今まで国際大会に出場するときには大抵ホテルに宿泊していた。だが選手村というのはセキュリティコントロールされた敷地内にたくさんの建物が建ち並び、陸上だけではなく他の競技も含めたものすごい数の選手たちが長期間滞在する場所である。そこには囲いがあり、巨大な食堂があり、お土産屋まである。その規模の大きさと、選び抜かれた選手として特別な扱いを受けているという非日常感に圧倒されてしまった。

いつもの国際大会とは違い、なぜか北京に入ってからたくさんの不安を感じていた。最も大きかったのは、二つ持って行った義足のうち、いつも愛用している使い慣れたほうの義足がなんとなくしっくりきていないような気がしたことだった。スペアとして持って行った新しい義足を練習で使ってみると、そちらのほうがいいような気がした。二つの義足は全く同じモデルだったが、使い込んでいるものとそうでないものは感触がかなり違う。迷いに迷った挙句、新しいほうの義足を本番で使うという判断を下した。

最初の種目は100メートルだった。このレースにヴォイテク・シスの姿はなかった。シスのいない普段のレースであればスタートダッシュで飛び出した後、レース序盤で山本の前を走るのはアール・コナーというカナダ人選手だけである。彼は2002年からずっとこの種目の世界記録を保持していて、シスもその記録を破ったことはない。彼が試合に出てくるとスタートからスピードに乗り、最後まで逃げ切ってしまうことがほとんどだった。よって山本は60メートル付近までは彼を追いかけ、他のライバルたちが迫ってきてもできる限りのところまで粘って逃げ切るというのが作戦だ。

ところがフライングによる失格者が出たことで、ただでさえこの大舞台に平静さを欠いていた山本の精神状態は完全に乱されてしまった。数々の国際大会で経験を積み、鍛錬してきたはずの勝負強さもここでは機能していなかった。パラリンピックという大舞台の魔物が山本の潜在意識を操作しているかのようだった。会場のアナウンスで自分の名前が呼ばれると笑顔でピースサインをして見せた。だが、その笑顔の裏には初めてのパラリンピックのレースというプレッシャーと緊張感が錯綜《さくそう》していた。

スタートの合図とともに沸き上がる会場。山本は自分の持ち味であるはずのスタートで出遅れた。飛び出した直後視界に入ってくるのは自分の左側を走るコナーだけのはずだった。ところがすぐ右隣のレーンを走るマクフォールまでが視界に入っている。必死に追いつこうと自分を奮い立たせたが、焦りが募るだけでライバルたちにどんどん引き離されていく。結局納得のいく走りができないままレースが終わった。

結果は5位。フライングでの失格者を除くと最下位。今まで一度も負けたことのなかった選手にまで負ける散々な有様だった。前年に出した自己ベストが12秒85だったにもかかわらず、大一番のレースのタイムが13秒68というのも不甲斐なかった。使い慣れたいつもの義足を使っていれば、もう少し速かったのかもしれない。だが決定的なミスを犯したことを今更後悔しても後の祭りだった。

パラリンピックの残酷さは4年間という歳月が十数秒に集約されてしまう点にある。その一瞬のために4年間トレーニングを積んできた。それなのに目の前に突きつけられたのはこの惨憺たる結果のみである。

「最悪。自分はなんて弱い人間なんだろう」

その2日後、走り幅跳びが行われた。後悔だけを引っ提げて日本に帰るわけにはいかない。100メートルの失敗を挽回《ばんかい》すべく臨む試合。メダルは射程圏内だと思って北京にやってきたが、大腿切断のクラスからこの種目に出場する選手の人数が少ないため、下腿切断のクラスとポイントを介した合同開催となることが直前に知らされた。二つのクラスで同じメダルを争う。それは一気にライバルが増えることを意味している。そのことを聞いただけで一気にメダルが遠のいたような気がした。

山本は第一跳躍者だった。大観衆の中で緊張した体は硬くなる。1本目の試技。山本は走り始めた。助走の途中、義足がカツンという変な音を立てた。

「あ、なんだ？」

義足に取り付けられたスパイクが、三段跳び用の踏み切り板をはめ込むためのくぼみを埋めた部分の縁に当たったのである。何が起こったのかもよくわからないまま、不意の事態に気を逸《そ》らされた。助走の途中で集中力を奪われた山本は踏み切ることもできず、砂場へと走り抜けてしまった。跳ぶことのできないまま踏み切り板を通過した1本目は記録なし。

「そんな細かいことが気になるなんて、俺はやっぱり動揺してる」

自分の精神的弱さを痛感する。１００メートルでの失敗の痛手をまだ引きずっていることも明らかだった。

そんな山本には目もくれず、王者ヴォイテク・シスは1本目から6メートル50の大ジャンプで世界記録を更新してみせた。

１本目の感覚を引きずらないようにと気持ちを入れ替えて挑んだ山本の2本目。助走の途中、踏み切り板を越えてしまうことが読めた。ストライドを狭めて合わせにいく。なんとか踏み切り板を越えずに跳んだ気がしたが、着地の後振り返ってみるとファールを示す赤い旗が上がっていた。踏み切り板に付けられたファール判定のための粘土を確認する。確かにわずかな傷がついていて、ほんの5ミリ程度だったが踏み切り板を越えていたことがわかった。２本の跳躍を終えてまだ記録がない。

「やばい、最悪のパターンだ」

山本はいつも試合前にイメージトレーニングをしている。一番いいときのパターンと一番悪いときのパターンを具体的な数字とともに思い描いてみる。理想の展開として想像していたシナリオはこうだ。1本目はそれなりの距離で構わないのでとりあえずの記録を出しておく。2本目で勝負に出て、自己ベストの5メートル94に迫るジャンプをする。3本目、4本目は安泰に攻め、5本目で6メートルの大跳躍に挑む。最後は気持ちよく跳んで終了。

ところが今置かれている状況はそのシナリオからは程遠い。それどころか一番悪いときのパターンとして考えていたストーリーを辿りつつある。13人中11人の選手がすでに記録を残している。3本目を終えて8位に入っていなければ4本目以降の試技に進むことすらできない。1本目で記録を出せていれば、2本目、3本目で記録更新を狙って思い切り跳ぶことができるはずだった。だがここに来て記録がないという絶対絶命の危機に追い込まれてしまった。

焦りを感じて自分の順番が回ってくるのを待っていたとき、日本選手団のチームメートで義足の走り高跳び選手、鈴木徹の声が聞こえた。

「硬いぞ、リラックス、リラックス!」

大会最終日だったため大勢集まっていた日本選手団の他の選手たちからも声援が飛んだ。

「自分は弱い人間だとか言っている場合か。与えられたチャンスがあるのにここで跳べずにどうするんだ」

このままではいけない。ふと辺りを見回すと会場のトラックが競技の合間で空いているのに気付いた。自分の順番が回ってくるまでにはまだ時間がある。山本は立ち上がるとトラックのほうへ向かって歩いて行った。今とらわれている悪いイメージを次の試技までに吹っ切る必要がある。30メートルくらいの距離を思いっきりダッシュしてみると、しっかり走れているという感覚があった。自分の番を待つ間に時間を持て余しているとまた悪いイメージにとらわれてしまう。襲ってくる邪気を振り払うように山本はもう一本思いっきりダッシュした。

とにかくファールせずに跳べればベスト8に入れる自信があった。安全を期して助走のスタート位置を30センチほど下げる。3本目。踏み切りの7歩手前でファールしないという確信があった。力一杯踏み切り宙へ舞う。手応えがあった。記録を確認すると5メートル84。掲示板には2位と表示された。シスのすぐ下につけた形だ。もともと大差がある彼にはどうせ勝てないだろうと思っていたため、考えうる試合展開の中では最良のポジションを押さえたことになる。危機は打開した。

精神的な余裕ができたので、次の跳躍からは記録を伸ばすために思い切って跳ぶことができた。5本目を終えて山本の記録にも順位にも動きはなかったが、山本の下につけている下腿切断の選手たちのポイントが僅差に迫っているのに気付いた。彼らが少しでも記録を伸ばしてくるとメダルが危うくなる。迂闊に2位に甘んじてもいられない状況だ。

6回目の跳躍を終えた選手たちから順位が確定していく。5回目を終えた時点で5位だった選手の試技の直前、山本は心の中で祈っていた。

「ファールしろ」

すると、その中国人選手が山本の願った通りファールした。4位の選手のときもまるで呪いをかけるかのように祈り続ける。その選手はファールこそしなかったものの記録は伸びない。そして3位の選手が跳ぶ。

「ファールしろ！」

すると山本の念が届いたかのようにこのアメリカ人選手までがファールしたのだ。この時点で山本の銀メダルが確定した。自分の最終試技は記録を伸ばすことだけを考えて思いっきり跳んだが、念が跳ね返ってきたのかファールだった。

結局1本目に世界記録を出した王者シスが金メダルを獲得。山本は彼に次ぐ銀メダルの座を死守した。日本人の義足陸上選手として史上初のパラリンピックメダル獲得という大快挙だった。

第8章 二度目のパラリンピック

北京パラリンピックで銀メダルを手にしたことで、山本が目指すものはただ一つしかなくなった。それは世界の頂点に立つことだ。

だがその野望に反して北京の後、彼の記録は停滞していた。国際大会に行っても、主要なライバルが出場している種目では超えたい相手を超えることができない。100メートルでも2007年に出せたはずの12秒台が出ない。走り幅跳びでも6メートルに近づくどころか、5メートル50を超えるのが精一杯だった。スズキの陸上部に籍を置き、大学生と一緒に練習するという今の練習環境に限界を感じるようになった。競技力向上のためには、何か別のスパイスが必要だ。

北京パラリンピックの後、スズキ株式会社の鈴木修会長に銀メダル獲得の報告に行ったときにかけられた言葉が山本の心のどこかに引っかかっていた。

「競技をやっているときは、競技を全力で頑張れ。それをスズキは支える。でも、競技人生を終えた後何をするのか、今しっかり見極めておけ」

10分程度の会談での一言だったが、その言葉は山本の胸に突き刺さった。

ここまで脇目もふらず選手として競技をやってきたが、自分は最終的に何がしたいのか。それを自分の心に問いかけてみた。

大学に入りたての頃から今までやってきたことを思い返してみる。未開の領域であった義足の走りに取り組む自分を分析し知ることで、パフォーマンスを向上させる方法を模索してきた。曲がりなりにもその知識と経験は蓄積してきたつもりだ。それをもとにいずれは後進の指導をしたい。それが素直に浮かんできた答えだった。

自分の気持ちに正直になって山本が選んだ次のステップは、スズキへの就職で一度は諦めた大学院への進学だった。

切断から丸10年が経った27歳の春、山本は大阪体育大学大学院スポーツ科学研究科の博士前期課程に入学した。大学での研究が実技の飛躍的向上にすぐに結びつくというわけではない。だが関連研究をしながら自分を見つめているということで、山本は一種の安堵《あんど》のようなものを感じた。理論に従ってトレーニングをしていけば、いつか必ず速くなるということを彼はすでに知っていたからだ。

１００メートルと走り幅跳びの記録が伸び悩む中、山本は発想の転換を図った。うまくいかない種目に思い悩むより、今年はこれまで力を入れていなかった200メートルにかけてみようというのである。

「俺、そういうところずるいからね」

本人はそう言うが、気持ちの切り替えの速さと、うまくいきそうなものを選んで確率のより高いところにかけるという要領の良さもまた彼の強みである。山本は200メートルのレースの組み立てについて真剣に考え直してみた。今まではレースの序盤から全力で飛ばしていたが、新しい戦略ではコーナーで力みすぎずに95%くらいの気持ちでリラックスして走る。そしてコーナーから直線に入ったところで足の回転数を上げ全力疾走する。このプランで走り始めて数レース後の6月、ドイツオープンで日本記録を更新した。

そのドイツ遠征中、北京パラリンピックの100メートルで銀メダルを獲ったドイツ人選手、ハインリッヒ・ポポフに声をかけた。北京のときから彼が使っている義足の膝が気になっていたのである。

「その膝いいよね。ちょっと見せてくれる?」

山本が興味を示すと、ポポフは気軽に「付けてみればいいじゃん」と六角レンチで自分の膝を外して貸してくれた。早速自分の義足に付けて練習場で走ってみる。膝の曲がり方がとてもしなやかだ。今まで自分が使っていた義足とは明らかに違う感触である。

「これ、すごくいい! くれる?」

冗談のつもりで言ったが欲しかったのは本当である。

「あげるのはちょっと無理だな。でも、俺の義足を作っている義肢装具会社に1週間くらい来ればやってもらえるよ」

だが義足を作るためだけに1週間ドイツに滞在するのは、仕事も休めないため難しい。仕方ないので様々な角度からポポフの義足の写真を撮って帰ることにした。彼の使っていた膝はオットーボック社の3R80という膝継手の膝関節が曲がる役割を果たす部分だけを取り外し、競技用のブレードを付けられるように改造したものだった。

日本に帰ると義肢装具士の知り合いに写真を見せて「こういうのを作りたいんです」と相談した。ドイツから3R80を取り寄せてもらい、金属加工のできる町工場へと持って行ってポポフの義足に似せたものを作ってもらうことにした。

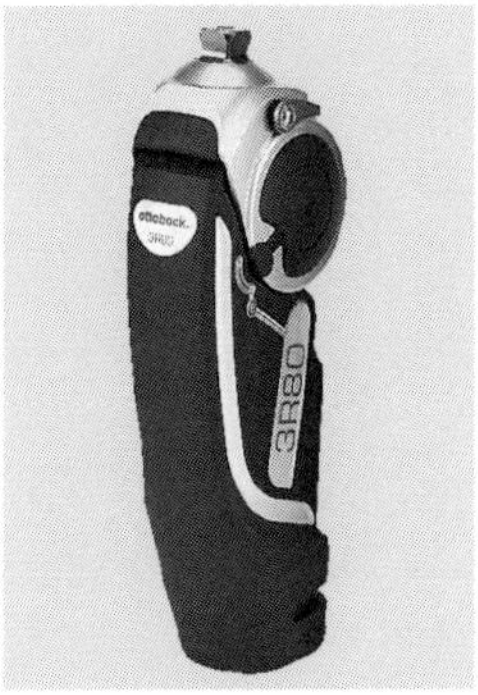

オットーボック社の 3R80

でき上がってきた新しい義足で早速練習を開始する。ところが3日もしないうちに問題が発生した。全力疾走をしている最中、ブレードを留めるネジを受けるタップが壊れてネジが吹っ飛び、義足が空中分解してしまったのだ。大事故にもなりかねない事態だったが、運動神経の良さが功を奏してうまく転び軽くすりむいた程度で済んだ。とは言え、こんな義足では世界に挑むどころかそもそも使い物にならない。

義足会社をやっている別の友人にも相談してみた。すると彼の父親の知り合いで金属加工をやっている工場があるという。早速二人でその工場がある浜松に向かうことになった。壊れた義足を工場の人に見せる。

「こんなんじゃ壊れるよ。アルミのネジ受けでは弱いな」

義足の膝関節とブレードをつなぐ部分の材質がアルミニウムであることが、走るときにかかる力に耐えられない原因のようだった。

「暇なときにやっておくよ」

工場の男性は義足を受け取り、作業をする約束をしてくれた。

ひと月ほどして義足ができ上がった。アルミニウムだった部分はより強度の高い鉄に変えられていた。だが、走ってみると非常に重い。材質を変えて頑丈になったのはいいが、重量が増えたのは厄介だった。

「なんとかアルミでやる方法はありませんかね？」

再び相談する。最初の試みではアルミニウムの部分にタップを作ってネジをはめ込むという方法でやっていたが、これはうまくいかなかった。そのため3度目の正直の今回は、大きめのネジを使って、反対側に付けたナットとの間にブレードを挟み込んで固定することになった。こうして強化と軽量化の両方を実現する義足が完成したのである。

3R80を使った新しい義足は、山本がこれまで使っていた3R55という同メーカーのモデルを使ったものに比べて、非常に柔らかな動きをする。3R55は膝が急に曲がって転倒する膝折れのリスクを回避するために、強力なバネを入れて曲がりにくい構造にされた製品。だが、曲がりにくい膝を使って走ろうとすると、足を前に振り出すスピードが遅くなる。さらに、振り出した足が180度のところまで伸びた後、バネの力で膝下部分が勢いよく戻ってくるのだが、そのときに一瞬足が浮くような感覚がある。バネの勢いに足を持っていかれないよう義足を接地させるためには、力を入れて足を振り下ろすという努力を要した。

これに対し3R80は膝が曲がりやすい構造になっているため、素早く足を振り出すことができる。さらにバネがないため膝下が戻ってきたときも、振り下ろしのタイムラグが少なくスムーズにコントロールできるのである。

その年の12月に中国で行われたアジアパラ競技大会でこの膝の効果が現れた。100メートル準決勝で2年ぶりの12秒台の記録が出たのだ。自己ベストではなかったが、停滞していた流れに終止符を打つことができたのは大きかった。

大学でもデータ分析という方法を使ってパフォーマンス向上の可能性を探った。山本が学部生の頃からずっと考えてきた問題は、義足側の足が健足により近い動きをするほうがよいのか、それとも健足とは異なる義足独自の動かし方をしたほうがより効果的なのかということだった。

大学院に入った年の秋、学部生のときにも行っていた動作分析の実験を再び行ってデータを取ることにした。古いデータと新しいデータを比較してみると、ある顕著な変化に気付いた。以前は明らかに健足でキックしたときのほうが、義足でのキックのストライドよりも長かったのだが、新しいデータでは両方のストライドがほぼ同じになっていたのである。つまり学部生のときに比べて義足側のストライドが伸びたということになる。

これは大学時代とスズキに入社してからの6年間のトレーニングによってハムストリングや大臀筋といった筋肉が鍛えられた成果に違いない。義足側のストライドが伸びた現在のほうが記録は明らかによい。そのことから察するに、やはり義足の動きは健足により近い動きをしたほうがよいと考えられた。

走る速度はストライドとピッチに比例する。自分より速い健常者の選手はストライドが大きく、ピッチが高い。だがストライドとピッチは反比例の関係にある。ストライドを上げればピッチが下がり、逆にピッチを上げればストライドが下がるわけだ。そこでさらに速く走るためにはストライドとピッチどちらを優先するかの選択をしなければならなかった。

伊藤教授の研究によると、人間の成長過程において人がより速く走れるようになるのは、主に身長の伸びや筋肉の増強でストライドが大きくなることによるということがわかっていた。それに対してピッチは成長過程を通してあまり変わらない。つまり、ピッチよりもストライドのほうが後天的な成長率が高いというわけだ。

その理論に従って山本は健足義足両方のストライドを上げるという選択をした。そのほうがピッチを上げる努力をするより現実的かつ効果的だと思ったからである。ストライドを上げる際にできる限りピッチが下がらないよう、今まで通りのリズムを守ることを意識しながらストライドを上げるトレーニングを始めた。それを助けたのが膝継手3R80だ。義足のスウィング速度が速くなったことで、ピッチを落とさずストライドを上げることがより楽にできるようになったのである。

理屈好きの山本はデータを見ることによって、「こういうふうになっているんだな」と自分の体の動きを論理的に理解すると同時に、「それなら練習はこういうふうにやってみよう」とより豊かなイメージを膨らませることができた。さらに上を目指すためには自分を分析し直し、改めて自分を知ることが必要だという山本の洞察は間違っていなかった。


2011年の年明け早々にニュージーランドのクライストチャーチでIPC世界陸上競技選手権が開催された。1年後に迫ったロンドンパラリンピックの出場権を獲得するチャンスでもある。最初の出場種目、走り幅跳びで思いがけないことが起こった。これまで圧倒的な強さを誇っていたヴォイテク・シスが、同胞のハインリッヒ・ポポフに敗れたのである。いつも物静かで威厳のあった彼が、トップの座を譲り渡すのを見るのは初めてのことだった。

その敗北を受けてシスはその後に出場予定だった種目すべてを棄権した。2004年のアテネパラリンピックで三冠を果たし、続く2005年のヨーロッパ選手権、2006年の世界選手権でも三冠を果たした王者シスだったが、2008年の北京パラリンピックでは走り幅跳びのみにしかエントリーしていなかった。その選択はおそらく彼の「負ける試合には出ない」というスタンスから来ていたのだろう。

「世界チャンピオンになるとなかなか大変だな」

山本は世界の頂点に立った者が、その座を守ることの厳しさと辛さを目の当たりにした。この種目で山本はポポフ、シスに次ぐ3位銅メダルを獲得した。パラリンピックの出場権獲得にはいたらなかったが、5メートル93の記録は自己ベストにも近いまずまずの成績というところだった。

シスがいなくなったことでより良い色のメダル獲得のチャンスが高まった。銀メダル以上を獲ればロンドン大会への出場権も確定する。山本が最も可能性が高いと考えていたのはこのところ力を入れてきた200メートルだ。ところが、自己ベストの26秒92を出すものの、またしても予想外の結末が待っていた。今までノーマークだったイギリス人の両足義足選手、リチャード・ホワイトヘッドが25秒88のタイムを出して突如優勝したのである。それは新たなライバルの出現ではなかった。山本にとってのライバルとは勝てそうで勝てない相手。到底敵う見込みのない相手はライバルですらないのだ。わずかな差でフランス人選手に2位を譲り、結果は3位だった。

最後の種目100メートルも3位だった。山本はロンドンパラリンピック出場枠を押さえられないまま3つの銅メダルを持って帰国した。数の割に達成感は薄かった。メダルの色も記録も中途半端なまま終わった世界選手権だった。

その翌年の2012年。北京から4年のときを経て再びパラリンピックの年が巡ってきた。世界選手権で出場権獲得とはならなかったものの、山本はその後標準記録を突破し代表選手に選ばれていた。

舞台は英国ロンドン。山本が目指すのは、北京で獲った走り幅跳びの銀メダルを上回る金メダル、そして100メートルでの銅以上のメダルだ。

最初の種目は、大会2日目に行われた走り幅跳びだった。1日目には日本選手団のメダルが出なかったため、この日今大会初のメダルが出るはずだと山本に期待が寄せられた。現地に来ていた日本メディアはほぼ全員が山本の競技を見にオリンピックスタジアムに集まっていたといっても過言ではないだろう。この種目は北京のときと同様、山本のクラスの選手の出場人数が少ないため下腿切断のクラスと合同で開催されることになった。

コールタイムの前、サブトラックで助走練習をしていたとき、突然膝折れが起こった。今まで練習中にも大会中にも膝折れしたことなどなかった。原因はわからない。走れるようになってから自在に操ってきた義足だったが、なんらかの理由で接地させるタイミングがずれてしまったのだろう。本番を直前に控えて突如浮上した問題。

「試合で起こったらどうしよう……」

嫌な予感がした。

山本の試技順は4番目、風向きはあまりよくなかった。1本目を跳んで5メートル14。ヴォイテク・シスもハインリッヒ・ポポフも1本目から6メートルを超える跳躍を見せてきた。さらにポイントを介して同列比較される下腿切断のドイツ人選手マルクス・レームが、1本目でいきなり自身の持つ世界記録を更新した。その時点で金メダル獲得が不可能だとわかった。

レームに続くようにシスが2本目で6メートル33を跳んだ。今シーズン更新した山本の自己ベストは6メートル24。自己ベストを出しても金メダルには届かない。1位を狙ってやってきたにもかかわらず、競技の序盤でそれが届かない夢だということが明らかになった。不可能という言葉が浮かんだとき、山本の闘志の炎はかき消されていった。

3本目は5メートル95。6メートルには近づいているが、レームどころかシスにもポポフにもプレッシャーをかけるようなジャンプではない。山本の後に3本目を跳んだデンマークの若手ダニエル・ワグナー・ヨーゲンセンが6メートル11を出し3位につけた。

「それくらいなら跳べるかもなあ」

と山本はぼんやり考えていた。彼らしいジャンプができれば、銅メダルの可能性はまだ残っている。だが自分の順が回ってくるまでに焦りが脳を支配し始めていた。

「一歩間違えば負ける」

暗雲が立ち込める。

4本目。助走から踏み切り板までは順調だった。しかし予感は的中した。踏み切った瞬間、膝折れを起こしたのだ。助走からの勢いが一気に後ろに持っていかれるような感覚。試合でこんなことが起こったのは初めてだった。踏み切りが成功だったことを示す白旗は上がっていたが、記録は3メートル84。4年に一度のパラリンピックに見合うようなジャンプではなかった。

窮地に立たされての戦い。他の選手たちの跳躍に気持ちが振り回されていた。何があっても揺らがない自信があればよかった。自分自身の記録に裏打ちされた圧倒的な強さがあれば、何があっても踏み切り板を踏めるはずだった。でもこのときの山本は、すがりつくことのできる絶対的なものを持ち合わせていなかった。ライバルたちの記録を見て焦り始めてしまった今、もう正気で跳ぶことは不可能だった。

このとき勝敗を隔てていたものは、ライバルたちではなく自分自身だったのだろう。追い込まれた状況で、劣勢の状態から盛り返すほどの力を胸の中に見つけることはできなかった。

そして、山本は負けた。

競技を終え、メディアの待つミックスゾーンと呼ばれるインタビューエリアを通る山本に同じ質問が繰り返された。

「なぜ、メダルを獲れなかったんですか?」

ライバルたちの跳躍を見てしまったことが一番の敗因だった。プレッシャーと焦燥感に押しつぶされた。

「俺は所詮こんなもんか。こういうところでベストを出せないダメな人間。結局一番にはなれない男なんだ」

このロンドンで、金ではなかったとしても、メダルは獲れると思っていた。しかし、それにも届かなかった。北京の結果を超えるどころか、4年前に達成できたものすら逃してしまった山本には、悔しさ以外のなんの思いも沸き起こってこなかった。

後悔の幅跳びの2日後に行われた200メートルは、自己ベストに近い記録を出したにもかかわらず8位という結果に愕然《がくぜん》とした。全力を尽くしたならそれでいいと考える人がいるかもしれない。だが山本はそんな言い訳を許さないだけの覚悟を持って競技に取り組んできたつもりだ。陸上で生計を立て、世界の頂点に立つことだけを見つめて生きている者に、そんな慰めは通用しない。最高のパフォーマンスをもってしてもメダルに引っかからないというのは恥ずかしいことだった。世界のレベルの高さと自らの不甲斐なさをただ痛感するだけだった。

第8章
二度目のパラリンピック

最後に残された種目は100メートルだった。山本が走るのはトラックの最も内側の2レーン。選手紹介のアナウンスに応じて黄色の縁の派手なサングラスを外す。右手でこぶしを作って力強く握り締めて揺さぶり、勝てると自分に言い聞かせる。北京のレース前に見せたようなふわりとした笑顔はどこにもなかった。側から見るものの目には自信に満ちているように映ったかもしれない。だが実際は、ものすごい緊張がその舞台に立った彼を襲っていた。4年間という時間がそこに重圧を添えているかのようだった。

8レーンのホワイトヘッドの名前が呼ばれると、満員のオリンピックスタジアムは地元イギリス人選手への大声援に包まれた。今まで山本が出場したどんな大会でも聞いたことのないような大きな歓声が沸き起こっていた。会場に溢れる熱気の中で山本の脳裏に浮かんだのは、後悔することなくレースを走りきりたいという思いだった。メダルのことはもうどうでもよかった。

「自分が出せるベストを出してロンドンを去りたい。ただ楽しければいい」

レースがスタートした。

満足の行く快調な走り出しだった。20メートルあたりまで先頭を切って走っていく。中盤から4、5レーンの選手たちが飛び出してきた。必死に食らいつこうとしたが、あっという間に他のライバルたちにポジションを譲り渡していた。

優勝したのはポポフだ。2位はオーストラリア人のスコット・リアドン、シスは3位だった。山本は6位。またしてもメダルには手が届かなかった。でもなぜか晴れやかな胸の中に後悔はなかった。

シスがレースを終えた選手たちに言った。

「ウィニングラン、みんなで行こうぜ」

言葉少ないシスの本心はわからない。でもこのレースは彼にとって初めて負けを受け入れることのできたレースだったのかもしれない。メダリストに他の3人の選手が加わってトラックの外周を走りながら、満員の観客たちに手を振った。山本もその中にいた。強いて言うなら予選よりいいタイムを出したかったが、いいパフォーマンスだったという晴れやかな気持ちのほうが勝っていた。

日本に帰国すると、母親がこう言った。

「あんた、国際大会に行って初めてメダルを持って帰ってこなかったね」

側から聞けばなかなかきつい一言である。今までメダルを持って帰るとか持って帰らないとか、そういうことを意識したことはなかった。だがこのとき、山本は母親がメダルの有無を気にしていたことに初めて気付いた。

山本の家族は彼の熱心なサポーターである。初めてフィンランドに海外遠征に行った際も家族が応援に来ていた。山本が子供の頃から、みんなでスキーに出かけるような仲の良い家族だっただけに、オランダでもドイツでもフランスでも、そして中東ドバイやカタールでも応援席には家族の姿があった。当然ロンドンパラリンピックにも両親と二人の兄弟という家族全員が駆けつけていた。家族は一致団結した応援団のように山本が走る姿のシルエットが描かれたお揃いのTシャツを身につけ、特別に作ったオリジナルの旗を広げて会場で熱心な応援を繰り広げていたのである。

家族の応援は励みになるかと尋ねられると、山本はいつも少し捻《ひね》くれた言い方でこう答える。

「俺は、家族に応援に来ないでって言っちゃいけないと思ってる」

山本は両親に対して多大な恩を感じてきた。専門学校だけでなく大学にも行かせてもらい、大会に出始めたばかりの頃も日本各地で行われる競技への参戦費用や旅費を補助してもらった。高校卒業後就職した兄にも弟にもかけなかったお金を、自分にはかけてもらったという思いがいつまでもある。

「金をかけた息子の晴れ姿を見せないなんて投資主に面目が立たない」

専門学校を卒業し、就職すると思っていた矢先に、1千万円出して大学にまで行かせてもらったわけで、自分がここまで成長したのは両親のおかげだという恩を山本が忘れることはない。だからメダルを持って帰ることも、自分を信じて投資してくれた両親への報奨の一つだと思っている。

「来ちゃだめって言われないから行かせてもらってます」

と母親は無邪気に笑う。ときには家族全員で、ときには職場の同僚と、あるときは山本の彼女と相部屋に泊まりながら国際舞台に挑む息子を応援してきた母親は、おそらく山本の一番のファンだろう。お世話になった人たちに配るという山本篤オリジナルグッズを作っているのも家族である。そして山本の海外遠征は家族に海外旅行の機会を与えるちょうどよい口実ともなっている。

家族の仲が良かったからこそ、思春期の事故、そして切断手術という難しい時期にも山本が道を逸れることはなかった。

「仲が良かったから、本当の迷惑はかけちゃいけないと思ったんだよね」

高校時代、友達が暴走族になっていくのを横目に見ながら、免許を取って合法的にバイクに乗っていたのもそのためである。

「真面目に乗れば親に迷惑はかけないでしょ？　校則は破ったけど、法律は破ってないよ」

同時に家族もまた山本の姿に励まされてきた。義足になった後、本人以上にショックを受け傷ついていた兄は今、山本の姿を見て自分も頑張ろうと思うのだという。いつも助け合い見守っていてくれる家族がいるからこそ、山本は自分にプレッシャーをかけていけるのかもしれない。

「家族が応援に来てくれるかどうかは、試合のパフォーマンスにはあんまり関係ないね。それよりメディアが来てくれることのほうがテンションが上がる。家族は無償の愛、どんな結果であろうと常に応援してくれる。でもメディアは有償の愛。勝たなければ振り向いてくれない」

もしかすると、彼が世界一になる現場に居合わせなかったら、私もこの本を書いていないのかもしれない。メディアなんて薄情なものだ。でも、家族は違う。それでも不特定多数の人を振り向かせようとして山本は上を目指し続ける。有償の愛を求め続ける。そして、負けたときにはいつもそこに家族がいる。

山本を側で支えてきた親しい人たちでもそれは同じだ。ロンドンパラリンピックの後、山本は理学療法士の岡部のところに大会の報告に行った。結果を残せなかったことを伝えると、あの厳しかった岡部が穏やかな顔で言った。

「全力を尽くしてもらえればいい。俺はファンじゃなくて身内だと思っているから」

山本はどこまでも自分に厳しい。だからこそ、家族や人生の岐路で出会った大切な人たちに感謝し、与えられた分だけの結果を残さなければと自分に成長を課して、また上を目指していくのだ。

第9章 頂点に立てるという確信

「所詮俺は2番で終わる男なんだ」

　それが山本のこれまでの自己評価だった。

　高校のバレー部では一度もレギュラーになれなかった。どんなにジャンプ力を高めても身長180センチの選手たちに太刀打ちできないとわかると、努力することをやめてしまった。

　アテネパラリンピックの選考会では標準記録にわずか0・19秒及ばず、北京パラリンピックでは走り幅跳びで銀メダルを獲得するものの100メートルでは大失敗。ロンドンパラリンピックでは幅跳びで失敗し、200メートルは自己ベストに近い記録を出してもメダルには引っかからないという厳しい現実を突きつけられた。

　初めて行った国際大会で出会った友人でありライバルであるマクフォールにも、いつか必ず勝つと誓いながら結局一度も彼を抜くことはできなかった。

第9章
頂点に立てるという確信

「結局俺ってこんなもんなのかな」

そんな山本の自己肯定意識に変化を起こす出来事があった。常に目の上のたんこぶのように自分の上にいて、山本がトップへとのし上がることを阻止していたドイツ人選手ヴォイテク・シスが、ロンドンパラリンピックの後引退したのだ。

2004年のアテネパラリンピックから3年連続で世界大会での三冠を成し遂げ、2008年の北京パラリンピック走り幅跳びで山本が金メダルを獲ることを阻んだ男は、山本から見れば一時代を築き上げた偉大なアスリートだった。彼は6メートル50という世界記録を掲げ、決して越えることのできない壁のように、計り知れない威力で山本の目の前に立ちはだかっていた。口数少なく、頂点に立つことだけを見つめ、覇者の威厳を纏《まと》っていたシスがT42の戦いのフィールドから姿を消した。

なぜかいつも王者シスを前にすると、山本は彼を超えるような実力を出すことができなかった。試合をする前からすでに彼の存在に負けているかのように平伏《ひれふ》してしまっていたのである。ところがシスがいないとわかった瞬間、突然山本は確信した。

「これで勝てる。俺の時代がやってきた！」

なぜか彼がいないというそれだけで自分が一番だと思うようになった。2011年ニュージーランドのクライストチャーチでシスに屈辱を与えたポポフ、2012年のロンドンパラリンピックで突然頭角を現した若手のワグナー、そして小柄ながら急成長を遂げてきたオーストラリア人スプリンターのリアドンなど、ライバルはまだまだ他にもいる。

だが、シスに感じていたような畏怖の念を他のライバルたちに抱くことはなかった。どこか真の実力では彼らに勝っているという自信があった。シスが持っていた世界記録は決して超えられないという気がしていたのに、他の選手の記録なら超えられると思えたのは不思議なことである。

山本は、本番に強そうだとか緊張しなさそうだというまわりの評価とは裏腹に、実は人一倍緊張する体質だ。友人たちとボーリング大会に行くと、投球順は決まって1番手を選ぶ。チーム戦で勝負をしていて最後の投球で勝敗が決まるという状況になった場合、自分が投げれば必ず負けるというのである。

周囲の人々が山本の土壇場での強さを賞賛する一方で、本人は追い込まれることは嫌いだ。逆に1番手は勝負の行方を左右することはあまりないが、マイペースに思いっきり投げてチームに勢いを与えることができる。場を盛り上げられるという点でも山本にはもってこいのポジション。そういう役回りのほうが元来向いているのだ。彼は自分がプレッシャーに弱いことを誰よりもよく知っている。

そんな山本が取り組んでいるのは陸上という、残酷なまでに精神力を要する競技である。野球やバレーボールとは違って戦術もなければ仲間もいない。走る、跳ぶという極めて単純な行為であるがために、試合前の持ち記録とメンタル面でのヒエラルキーがパフォーマンスにそのまま反映される無情で孤独なスポーツである。自分の持つ記録が上であるということは、すでに相手より優位に立っているということになる。階級上での立場が違うことを示して相手を圧倒できる、いわば試合の前から結果がわかっているとすら言える競技である。

国際大会に出場し始めて間もない2006年、ドイツで行われたオットーボック・チャレンジという小さな国際大会で一度金メダルを獲ったことがあった。初めて手にする金メダルは嬉しかったが、いつか自分が破りたいと思っているライバルたちのいる大会で獲りたいと思った。彼らを負かして自分が1位になる、それを達成するまで金メダルにあまり意味はない。本当の意味で金メダルを手にするためには、その残酷なヒエラルキーを這い上がらなければならない。

ロンドンパラリンピックの後、山本はとにかく記録を出すことに集中した。まずはいつどこに行っても必ず6メートル以上跳べるという自信と安定感が必要だと思った。まだ6メートル台を海外の大会で出したことはない。国内の大会でも2回跳んだことがあるだけだ。それでも自分に6メートル以上跳べるだけの実力があることはわかっていた。必要だったのは「2番の男」からの卒業である。

それから試合中に人の跳躍を見るのをやめることにした。ロンドンパラリンピックの走り幅跳びでの最大の敗因は、レームやシスの記録を知り、それに精神を乱されてしまったことにある。自分の試技に集中し100%の力を出して負けたのならまだ納得できる。だが人の跳躍の結果に心を乱されたのでは情けない。自分の順番を待っている間は視界に他の選手の跳躍が入ってこない場所に寝転び、誰も見ずに自分のことだけを考えることにした。

試合が終わったらどこへ遊びに行こうか、何を食べようか、試合とは関係ないことを考える。不利な状況に陥るとネガティブな思考から抜け出せなくなる。ここではこうやって、こう跳んで、こうしなければいけないと焦る。だからごくありふれた日常のことを考える。試合の成り行きから心を逸らし、ニュートラルな精神状態で平静を保つ。観客のいるスタンドを眺めながら、「あの子かわいいな」と思うこともある。

山本が一生勝てないと思っていたシスが去った後の2013年夏。フランスのリヨンでIPC世界陸上競技選手権が開かれた。目の上のたんこぶは消えた。金メダルを獲る確かなチャンスが山本に巡ってきた。

走り幅跳びが行われたのはとても暑い日だった。8人中7番目の試技順となった山本は、1本目から5メートル84を跳んでトップの記録をマークする。だが、そのすぐ後に跳んだハインリッヒ・ポポフが5メートル96を出して山本を上回ってきた。11センチもの差をつけられた。ライバルの跳躍は見ないと心に決めていたにもかかわらず、うっかりポポフの記録を見てしまった。ロンドンの反省の甲斐もなく彼のペースにはまりかける。

3本目で5メートル95を跳んだ山本は、ポポフの記録に1センチ差まで迫った。シスがいなくなったとは言え、数々の大会で山本より上の成績を残しているポポフもまた強敵である。

「やっぱり負けるのか」

嫌な展開になりつつあった。子供の頃から山本の影のようにつきまとってきた「2番の男」がまた顔を出しかけていた。ダニエル・ワグナーも3回連続5メートル台後半の記録を安定して出していた。

ところがひょんなことがきっかけで風向きが変わることになる。この日山本の闘志に火をつけたのはポポフでもワグナーでもなかった。

4回目を終えて5メートル台前半の記録しか出していなかったアメリカ人選手ルディ・ガルシア=トールソンが、5本目で5メートル98を跳び、突然首位に躍り出たのである。大ジャンプに会場が沸く。こんなに騒ぎ立てられたのではライバルの記録を意識しないというのは不可能だ。

ガルシア=トールソンはパラ水泳選手。アテネ、北京、ロンドンと3回のパラリンピックに出場し、200メートル個人メドレーで金メダルを獲得したこともあるエリートアスリートである。パラ水泳界では成功を収め名の通った存在であるが、パラ陸上界では無名の新参者が突然浮上してきたことに山本は苛立った。

「こっちは何年もかけて金メダルを狙っているんだ。初めて出る世界大会の幅跳びでいきなり金メダルを獲ろうなんて、そんな甘くないぞ！」

水泳のメダリストに自分が必死に追い求めてきた陸上のメダルを奪われるという考えは、相当山本の癪《しゃく》に障ったらしい。そこで火のついた気骨のエネルギーが炸裂《さくれつ》した。

突如現れた新来にパラ陸上のレベルを知らしめようと跳んだ山本の5本目は、その憤りの勢いから6メートル11に至った。なんともおかしな動機だったが、ポポフを優に超えて山本が首位に立った。ライバルの跳躍を見ないという新しい戦略はすっかり忘れ去られていたものの、ガルシア＝トールソンのパフォーマンスが山本の闘志に火をつけたわけだから結果オーライというところだ。

予想もしなかった山本とガルシア＝トールソンの争いという展開に焦ってか、ポポフは6本目をファールしそのまま3位に終わった。ワグナーは最後の跳躍でその日一番の距離を出したが、それでもポポフの記録には及ばず4位だった。

がむしゃらに跳んでいる間に気付けば優勝していた。何年もの間その頂点を目指しながら、パラリンピックで、そして世界選手権で、手に入れることのできなかったものが初めて山本のものになった。

あらゆる手段を尽くしながら追い求めてきた、その欲しくてたまらなかった金メダルが今、山本の胸に光っている。苦労してやっと手に入れた金メダルは、銀メダルとは似ても似つかぬものだ。そしてそのメダルを胸に提げ、表彰台の一番高いところに立って君が代を聞くのはなんとも表現しがたい快感だった。

試合の度に無言で「お前は勝てない」と抑圧してくる王者はもうそこにはいない。いつもシスがいると思っていたその首位の座に、今気付けば自分が立っているのだった。シスがかけた呪縛が長いときを経てようやく解けたような、不思議な出来事に感じられた。突き破れない天井を叩き続けていた「2番の男」がついに1番になった。

初出場の北京パラリンピック当時26歳だった山本も30を越える年齢になっていた。ロンドンパラリンピックを終えてしばらくは、4年後のリオパラリンピックのことは考えていなかった。もしロンドンで勝つことができていたら、そこで引退していたのかもしれない。だが悔しさばかりの残ったロンドン大会で終わるというのは意に染まなかった。

「パラリンピックで1位になるまで陸上を辞められない」

山本はまだ上を見ていた。そして再び掲げた世界の頂点に立つという目標が、ここに来て現実になった。いつか世界最高の舞台で世界一になる。

「世界選手権で勝てたのだから、パラリンピックでも勝てるはずだ」

世界選手権で手にした金メダルに、山本はリオパラリンピックで頂点に立つことを誓った。

リヨン大会の100メートルでポポフとともに1位タイで金メダルを獲得し、200メートルではホワイトヘッドに次ぐ銀メダルを獲ったオーストラリア人、スコット・リアドンの存在が気になっていた。

２０１１年ニュージーランドのクライストチャーチで行われた世界選手権では、山本より遅いタイムだったにもかかわらず、ロンドンパラリンピックの１００メートルで銀メダルを攫《さら》うという急成長を遂げた選手。身長１６４センチとT42の選手たちの中でも小柄で、山本よりも小さい。ロンドンの惨敗の後、なぜリアドンが突然実力をつけてきたのか興味をそそられた。オーストラリアに行けば、彼がどんな練習をしてどう速くなったのかわかるかもしれないとふと思い立った。オーストラリアなら日本が冬の時期は夏になる。暖かいところに行けば、日本にいるよりいい練習ができるだろう。

思いついたら即行動に移すのが山本である。リヨンの大会の練習場で、リアドンの姿を見つけると山本は早速切り出した。

「スコット、俺オーストラリアで一緒にトレーニングしてみたいと思っているんだけど、どう思う？」

思いの丈をぶつけてみる。

「いいんじゃないかな。でも僕はよくわからないから、コーチと話してみてくれる？」

リアドンはいつもの揺るぎない爽やかな表情で有用なアドバイスをくれた。だが友達として親身にオーストラリア行きを考えてくれることを期待していた山本は少し拍子抜けした。

「あれ、お前が考えてくれるんじゃないの？」

それでも真面目なリアドンは、コーチに山本の話をする約束をしてくれた。

後日、試合を終えた山本がメディア対応を終えて出てきたところに短髪で強面《こわもて》の外国人女性が近づいてきた。

「スコットから聞いたんだけど、一緒にオーストラリアでトレーニングしたいって？」

彼女がリアドンのコーチ、イリーナ・ドヴォスキーナである。ウクライナ人である彼女が話す訛《なま》りのある英語はよく聞き取れないが、概して言えばオーストラリアに来てもよいということらしい。彼女のメールアドレスをもらって、具体的な日程や費用などは後日詰めることになった。

２０１４年の年明け早々、山本は二つの大きなスーツケースを抱えてオーストラリアへと旅立った。海外遠征はたくさんしてきたが、40日間という長期にわたって外国に滞在するのは初めての経験である。山本を受け入れてくれたのは、オーストラリア国立スポーツ科学研究所、通称ＡＩＳ。そこの宿泊施設に滞在しながらドヴォスキーナのチームのトレーニングに参加する。

どんな目新しいトレーニング方法が採用されているのだろうかと、好奇に満ちた目で観察していた山本がしばらくして気付いたのは、実際にやっていることは今まで自分がやってきたトレーニングとさほど変わらないということだった。奇跡を起こすような画期的な方法論があるわけではない。ただ彼らは地道なトレーニングにコツコツと取り組んでいるだけだ。

山本が今までやってきたトレーニングは夕方、あるいは午前のみの一部練習制だった。一方オーストラリアでは、午前と午後の両方に練習を行う二部制を採用していた。月曜、水曜、金曜は午前中に走りのトレーニングをし、午後はウエイトトレーニングに時間を割く。火曜、木曜、土曜は午前中の練習のみだが、ウエイトトレーニングを行った後プールでのトレーニングがある。プールでは、水中ランニングという足がつかない状態で水の中を走るものや、泳ぐ際に徐々に息継ぎの回数を減らしていくものなどがあった。リアドンが50メートルを息継ぎなしで泳いでいたのには山本も驚いた。そして日曜日は休み。これがオーストラリアでの典型的なトレーニングスケジュールである。

今まで週4回走るトレーニングをしていた山本の練習と比べると、走る量自体は少ないことになる。オーストラリアの考え方では、トラックで走りすぎると足が消耗する、だから毎日走ることはしない。走る代わりに体の他の部位を鍛え強化することによって、走りにつなげ役立てようというのだ。ウエイトトレーニングも重いものを持ってやるものは少なく、軽いものでしっかりと使える筋肉を作るという方針。またウエイトメニューは毎日違うものが与えられ、バリエーションが多いのも特徴だった。

ＡＩＳに滞在しているうちに、リアドン以外のオーストラリア人選手たちとも仲良くなった。陸上選手だけでなく、水泳やローイングの選手たちとの交流もあった。とにかくオーストラリアの選手たちはみんな優しい。ご飯を食べに行くときも、一人遠く日本からやってきた山本を気遣っていつも誘いに来てくれた。だが、英語ネイティブのオーストラリア人たちの会話についていくのはなかなか大変だった。食事の席でテンポの速い英語が飛び交っているところにはなかなか入っていき辛かった。

山本が日本に帰国する前日、オーストラリアの選手たちがお別れパーティーを開いてくれた。みんな少し酔っていたのだが、記念写真を撮り合っていたときにちょっとしたミスコミュニケーションがハプニングを招いた。山本は他の選手たちに乗せられて、隣の席に座った女子選手とツーショット写真を撮られていた。

誰かがその女子選手に向かって、「彼にキスしてあげなよ」と言った。大勢の選手が騒ぎ立てる中、彼女が自分にキスするという状況が正確に飲み込めなかった山本は、彼女が頬に軽くキスするつもりで山本の顔に近づいたその瞬間、彼女のほうを振り向いてしまったのである。タイミング悪く、いやおそらくタイミングよく、だろう。思いがけず彼女の唇が山本の唇に触れた。他の選手たちの間に爆笑の渦が広まった。

山本の英語がたとえ流暢でないとしても、彼の個性とユーモアはいつも彼らに十分理解されている。あるとき、一人の選手がこう呟いた。

「ヤマモトはもう少し英語ができたら、世界で一番面白い奴だと思うんだよなあ」

人と仲良くなるのが得意だと自負する山本は、英語のレベルは気にせずとりあえずいろんな人に話しかけてみることにしている。海外のリラックスした雰囲気に任せて誰にでも気軽にアプローチする。

「どこから来たの？　どこに住んでるの？」

その成果もあって国際大会に出かけると山本は、他の日本人選手よりも断然多くの海外選手や関係者から声をかけられる。海外の大会で知り合いが多いということは、アウェイという環境でも試合に臨むための快適な環境を作りやすいということである。それも含めて作戦のうちだ。

日本に帰国した後、山本はオーストラリアで学んだトレーニング法を一部取り入れることにした。走りのトレーニングの後に、補強的なウエイトトレーニングを組み込んだ。水中ランニングもやりたかったが、適したプールが近くになかったためそれは諦めた。

それでもリカバリーのためにプールで泳ぐという方法は採用した。ちょっとした変化を加えての地道なトレーニングの成果は、その年の9月に国内で行われたジャパンパラ競技大会の100メートルで12秒61という自己ベストを記録できたことにも表れていた。

日本にはライバルと呼べる選手がほとんどいない。だが、海外に行けば自分と同レベル、あるいは自分より高いレベルの選手と競い合えるチャンスが多くある。よりハイレベルな勝負の場を求めて、山本はできる限りの国際大会に出場した。その年の4月、遠くブラジルのサンパウロで行われた大会まで足を伸ばしたのは、もちろん2年後のリオパラリンピックを見据えていたからだ。日本の裏側にあたるブラジルにはまだ行ったことがない。30時間ものフライトを経てブラジルに行き、コンディションを整えて納得のいくパフォーマンスで戦えるのか。まだ失敗してもよい、早い段階で確かめておきたかった。

だが是非とも出場したい国際大会が増えると、会社からの支援や理解を得るのが段々と大変になってきた。もちろん日本代表の選手として送られる大きな大会は問題なかったが、山本はそれに限らず自分を試し鍛錬するための機会をできるだけ多く得たいと思っていた。会社に希望を出しこの大会に出たいと伝えるが、社内の審査を通るまでに長い時間を要することもある。その間に航空券の値段はどんどん上がっていく。

もどかしさに耐えかねた山本は、「俺は行きたいから自費でも行きます」と割り切ることにした。会社が許可を出そうと出すまいと、山本の中ではどこかでもう「行く」と決まっているのだ。会社が資金援助してくれるかどうかにかかわらず、とにかく航空券は自分で手配するようになった。後で出してもらえるということになればラッキーと考える。それでも出張扱いにしてもらう必要はあったため会社の理解は必要だったが、自費でも海外遠征をすると決めてから、アスリートとしてのシーズン計画も立てやすくなった。

山本はパラアスリートとしては恵まれた待遇を受けてきたが、健常者選手と比べると、所属企業以外からもらえる強化費などは格段に少ないと感じていた。パラ陸上競技連盟やその他のスポンサーから個人に対する強化費を取れれば、もっと多くの海外の大会で力試しができるのにと思うこともあった。完全にプロアスリートとしてやっている海外のパラ選手を羨《うらや》むこともあった。

だが、山本は子供の頃から金銭に絡むことには特にちゃっかりしている。そんな彼には当然バックアッププランがあった。所属会社や連盟が遠征費を出してくれないのであれば、大会の主催者に出してもらえばいいじゃないか。

大会を運営する団体に大胆にも「招待してください」と自ら英語のメールを書いて送ったのである。すると本当に反応があった。もちろんすべての場合にうまくいったわけではないが、実際招待してくれた大会もそれなりにあったのだ。実際、サンパウロでの大会は交通費こそ出なかったものの、参加費と宿泊費は大会側が持ってくれたのである。

そして勝てばもらえる賞金も山本の士気を突き動かしたものの一つだ。小学生の頃、山本の家庭にはテストで100点を取ればお小遣いをもらえるという制度があった。100点でなければもらえないという厳しいシステムだったが、報酬を目指して突進する本能は母親が教え込んだだけのことはある。彼女曰く、

「勉強はお金で釣っちゃいけないってよく言うけど、お金で釣って伸びる子もいるんです！」

とのことだ。

この年の6月、イギリスのバーミンガムで行われたIPC陸上グランプリファイナルには、

2000ドルというパラ陸上の大会としてはかなり大きな賞金がぶら下げられていた。山本のクラスT42の種目は200メートルしかなかったため、ターゲットをこの種目のみに絞ってトレーニングした。

招待選手として英国へ招かれた山本は、同日に同じ会場で行われていた健常者の大会、ダイヤモンドリーグに出場していたトップ選手たちと同じ一泊5万円以上のホテルに宿泊させてもらうという豪華な待遇を受けた。そして大会当日、狙いを定めた通りの優勝を果たし2000ドルの賞金を手にしたのである。

野球でも、バレーボールでも、バイクでもスノーボードでもゴルフでも、誰よりも上達するのが早かった。どんなスポーツでも簡単に人よりうまくできるようになった。だから努力をしなかった。安易な優越感に浸っている間に、コツコツと努力をする友人たちに抜かれていった。

何をやっても中途半端なウサギ。だが、陸上だけは違った。日々のトレーニングという肉体改造だけではなく、義足の構造的改良からその操り方の分析、試合中のメンタル面での対策、さらには国際大会に出たときの環境づくりまで、ありとあらゆる可能性を探り尽くしてきた。そして「自分は世界一になれる」ということを自らに示してみせた。

今、アテネパラリンピックを前に代表選考に漏れたときや、ロンドンパラリンピックで緊張とライバルたちからの精神的プレッシャーに押しつぶされそうになったときに現れた「ウサギ」も「2番の男」もその影を消そうとしていた。

2015年、初夏。若い山本のライバル、ダニエル・ワグナーが走り幅跳びT42の世界記録を更新した。2008年から破られることのなかったシスの記録6メートル50を超える6メートル51を跳び、さらにその翌週自身の記録を2センチ上回る6メートル53の記録を打ち立てた。

その知らせを聞いた山本は、不思議なことにその記録を超えられる気がした。

「ダニエルが出したなら、俺も世界記録を出せる。ダニエルの出した世界記録なら絶対に超えられる」

なぜかそう思ったのだった。

この年の10月、中東カタールのドーハでIPC世界陸上競技選手権が行われた。2位以内に入ればパラリンピックの出場権が与えられるというリオ行きの切符がかかる大一番だ。

山本の自己ベストよりも速いタイムで走るライバルたちについていくことができず、5位に終わった100メートルの翌日、走り幅跳びの試合が行われることになっていた。100メートルのレースの後、山本は腰のあたりに微妙な違和感を覚えていた。いつもであれば鍼《はり》を打ってもらうところだが、次の日に試合があるということでマッサージだけにとどめた。それでも深刻なものではないだろうと特段気にもとめず幅跳びの試合当日を迎えた。

この大会にポポフは怪我で姿を現さなかったため、山本の実質上のライバルは現在世界記録を保持するワグナーだ。試技順はワグナーが2番、山本が4番。アップのときも助走練習のときも特に異常はなかった。ところが問題は1本目を跳ぶ直前に起こった。

自分の前の試技順の選手が走り始めたのを見て、山本は準備をしようと立ち上がった。走路に立ち、軽く走ってみる。半分くらいのところまで行き、止まった瞬間ピキッという局所的な激しい腰の痛みが山本を襲った。

「やばい。こんなときに……」

自分の跳躍の直前。今更どうすることもできない。冷静になって考えてみる。今コーチに痛みを訴えたところで何かできるだろうか。いや、むしろまわりを心配させて事を荒立てるだけだ。それならフラットな状態でやれるように自分の中にとどめておいたほうがいい。

山本は何事もなかったように振る舞い、自分の跳躍への準備を進めた。このとき襲った腰痛が彼から奪ったもの、それは緊張だった。

「こんなに腰が痛いんだから、記録が出なかったとしても仕方ない」

そう思うと急に気が楽になった。結果を出せなかったときのいい口実ができたと、リラックスできたのだ。

ワグナーは1本目から5メートル87と手堅く跳んできた。山本の1本目はファール。ライバルは2本目でさらに記録を伸ばしてくる。5メートル92だ。だがこの日の山本には余裕があった。まずロンドンの後に立てた作戦通りワグナーのジャンプを見ていなかった。そのため彼のパフォーマンスに気持ちが左右されることはなかったのだ。そして何よりも強力な味方となったのは「腰が痛いから失敗してもいい」という言い訳だった。2本目でワグナーに2センチ差まで迫るがまだ抜けない。ここまで順調にきていた彼も3本目ではファールした。

言い訳とは言いながらも、山本はもはや腰の痛みを感じてはいなかった。競技場に立たされるとき、山本はどこまでもアスリートだ。試合という場に高揚し、脳からアドレナリンが放出されると痛みはいつの間にか消えていた。

山本の3本目の跳躍は6メートル18の大ジャンプ。ここでトップに躍り出る。これを見たワグナーは焦ったに違いない。4本目でなんとか6メートルを超えてくるものの、結局それ以上記録は伸びなかった。3本目という早い段階でいい記録が出たことで山本にはかなりの余裕ができていた。

試合は完全に山本のペースになった。観客たちに手拍子を求める。乗っている自分に彼らの注意を集めるのである。ただ、観客席から送られる手拍子の音は山本の耳に入ってはいなかった。ドーハの夜の闇が包んだばかりの競技場で、盛り上がるスタンドがサイレントフィルムのように極限の集中状態にいる山本の視界の脇に映っていた。体に感じる痛みは一欠片《ひとかけら》もなかった。

山本の最終試技が回ってくるまでに1位が確定した。しかし、彼の試合はまだ終わっていない。6本目、再び宙を舞う大ジャンプ。6メートル29の記録は大会新記録だった。2013年に続く走り幅跳びの2連覇。サングラスを外した山本の顔には、笑い皺がはっきりわかるほどの満面の笑顔があった。

その後クールダウンのために隣接されたサブトラックに移動する頃には、歩くことはおろか、立ち上がることさえもできないほどの痛みが山本の腰に戻ってきていた。アドレナリンの力は恐ろしい。表彰式で金メダルを受け取ったときの笑顔が少し歪んでいたのは、苦痛に耐えていたからに他ならない。それでも世界一になった瞬間の歓喜に頬を緩めずにはいられなかった。

試合直前の腰痛という最悪のコンディションの中で、この記録を出せたということは山本に、まだ開花していない可能性が秘められていることを予感させた。

「自分にはまだ伸び代がある。一体どこまで記録を伸ばせるだろう？」

義足を巧みに操りながら走り、そして跳ぶ自らの身体。技術の進歩とともに進化し続ける競技用義足。様々な側面を持つ義足の陸上には、ある年齢を越えれば衰え記録が低下していく健常者の陸上の常識からは考えられない可能性が潜在している。

シスという覇者の君臨の下、戦慄《せんりつ》しながら勝手に定めていた限界がつまらない幻想だったと今はわかる。限界を解き放つことで世界の頂点に立てたように、足を失った人間が今まで誰も到達したことのない領域へと踏み入ることができるのかもしれない。

スズキに入社したばかりの頃、義肢装具士の駒井が山本の足を見て驚いたことがあった。断端がボディビルダーの筋肉のように発達していたのだ。駒井が覚えている山本の断端からは想像もつかないような変貌を遂げていた。駒井がいつも患者から求められる調整は断端が細くなったり、あるいは太ってお腹が出てきたりしたのに合わせるものばかり。断端に筋肉がつくなどというのは今まで見たことがなかった。たとえ鍛えたとしてもそこまでになることはないだろうと思っていた。だが山本の断端に起こっていたのは、断端の軟部組織が筋肉になり4センチほど短くなるという常識からは信じがたいようなことだった。

100メートル、200メートル、走り幅跳び。3つの種目どれにおいても記録はまだ伸び続けている。山本の陸上競技の限界がどこにあるのか、それは彼自身にもまだわからない。

「限界が見えるまで、現役を続けようと思っている」

2016年には34歳、2020年には38歳となる山本。だがそこに可能性がある限り現役でいたいと彼は願う。

バレーボールでも勉強でも、自分でこんなもんだろうと限界を決めたときに成長が止まった。今陸上に取り組む山本にはまだ伸びる、もっと上にいけるという思いしかない。

2008年にシスが立てた世界記録と自分を隔てていた巨大な差も、今はそれほど大きく感じられなくなっていた。ワグナーが持つ世界記録は近い将来自分が超えるという確信がある。

義足の人間の未踏の領域へと山本は「跳び」込んでいく準備ができていた。

リオパラリンピックで目指すのは、走り幅跳びの金メダルだ。金しかない。ロンドン大会のときはまだ一度も世界チャンピオンになったことがなかったが、今は違う。自分が世界一になれることを経験として知っている。陸上という残酷な競技において、勝利の女神は一度その高みに立ったことのある者の味方をする。

「自信満々というわけではないけど、金メダルを獲れると思う」

切望してきた金メダルを手に入れるために必要なすべての要素は揃った。

「ここで見せるのが俺だという気がする」

機は熟している。

第10章 世界一になるための戦略

山本が多くのパラリンピアンたちと一線を劃《かく》するのは、自ら義足を操る義肢装具士であると同時に、バイオメカニクスを熟知した研究者であるという点においてだろう。膝関節の機能が失われた足に義足を付けて跳ぶ山本のクラスでは、下腿切断のクラスにも増して義足の適性が競技に及ぼす影響が大きい。義足を自らのパフォーマンスに最適な状態に調整することも現代のパラ陸上においてはその戦いの重要な一部だ。

ハインリッヒ・ポポフのように義足メーカーと組んでその開発に携わり、自らに適した義足を模索する選手もいる。だが山本は市場に出回っているものの中から自分に合ったものを選び出し、そこに工夫を加えることでより良いパフォーマンスへとつながる義足を考案し続けてきた。

義肢装具士であり、研究者であり、そして陸上選手であるという3つの顔を持つ彼は、理論と実践両方の側面において自らの力で問題解決できる数少ないアスリートだという自負がある。実際現在のパラリンピック日本代表陸上選手に、山本以外の義肢装具士は一人もいない。

山本の技術的な戦略の話をする前に、もう少し義足についての説明をしておこう。前述の通り（第2章参照）、大腿骨を切断した場合に使われる大腿義足は、簡単に言うと3つの主要部分から成り立っている。切断部を収納するソケット、膝の役割を果たす膝継手、そして人の足の代わりをする足部だ。膝より下の部分の脛骨と腓骨《ひこつ》を切断する下腿切断の場合は、膝継手は必要なく足部とソケットからなる義足を使うことになる。

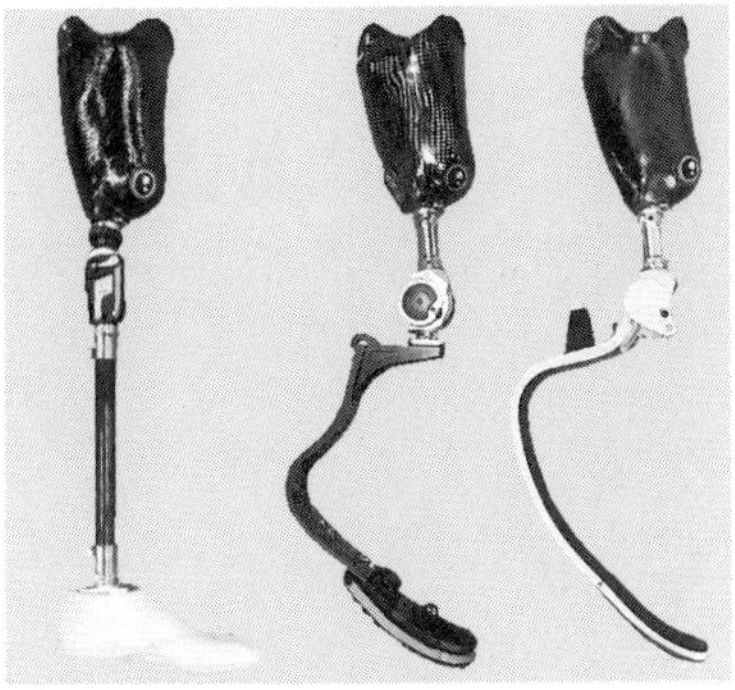

山本の使う３つの義足
左から日常用、ラン用、幅跳び用

「義足」と一口に言っても、気鋭のパラリンピアンたちが試合で使っている義足と、日常で使用しているものは様相を異にしている。基本的な構成部品は同じだが、形状や素材などがそれぞれの目的に応じて少しずつ異なっているのだ。上の写真を見ていただくとその違いは一目瞭然だろう。

一番上の黒い部分がソケット。器のような形状になっているところに断端を入れて義足と体をつないでいる。走ったり跳んだりしていて抜けてしまわないのかと思う人がいるかもしれない。だが、山本自身がよく例えに使うように「プッチンプリン」と同じ原理が働いているため簡単には抜けない。断端とソケットの密着部分を真空状態にすることで、肌がソケットに吸い付くように固定されているのである。

競技用義足のソケットの下に付いている銀色の部分はダブルクランプと呼ばれるパーツ。断端の短い山本の足から膝継手までの長さを調節しながらつないでいる。

その下の丸い形が見て取れる部分が膝継手。歩いたり走ったりするときに曲がる人間の膝と同じ役割を果たす。複雑な人体の屈伸運動により近い形で機能するように、曲がり具合は油圧でコントロールされている。

そして、一番下のくの字に曲がったカーボン製の長い部分がブレードだ。「ブレード」すなわち刀のようにすらりと伸びたこのパーツは、パラ陸上の義足アスリートを象徴する存在ともなっている。義足の選手が「ブレード・ジャンパー」や「ブレード・ランナー」といったニックネームで呼ばれるのもこの部分の名前に由来する。カーボンのシートを何層にも重ねて作られるブレードは実際触ってみると非常に硬い。この部分が力学的にはバネのようにすることで選手は走ったり跳んだりすることができる。

山本は走り幅跳びをするときと走るときでは二つの異なるブレードを使っている。現在使っているのは、走り幅跳び用がオズール社が作っているチーター・エクストリームというモデルで、100メートル、200メートル用に使っているのはオットーボック社の1E90スプリンターというモデルだ。

それぞれの義足メーカーは短距離用のもの、長距離用のものなどいくつか異なる種類のブレードを販売していて、形状や長さ、重さなどが異なるモデルの中から選手たちが自分に合ったものを選んで使っている。また、同じ形状でも複数の段階に分けられた硬さのものから自分の体や用途に最適なブレードを選ぶことができる。ちなみにポポフはオットーボック社のランナー、そしてワグナーはオズール社のビッグ・フレックス・ランという山本のものとは違うモデルを使用している。


山本が競技を開始した当初は、走るのにも跳ぶのにもスプリンターを使用していた。しかし、このブレードは重いというのが難点だった。そこで大学生だった2006年、日本の今仙《いません》というメーカーが作っているより軽いブレードに変更し、それを2010年まで使っていた。

この今仙のブレード、重量という点ではよかったが、反発という点に関してはスプリンターのほうが勝っていると山本は思っていた。そこで2010年にポポフの膝を真似て3R55から3R80へと変えた際、ブレードはスプリンターに戻すことにした。

よりしなやかな動きをする3R80は3R55に比べて重量が軽かったため、ブレードの部分で軽量化を図る必要がなくなったからである。山本がブレードに求めるのは軽さではなく反発の良さなのだ。

2012年、オットーボック社から3S80という新しいモデルの膝継手がリリースされた。

3R80が高度な活動をサポートしながらもスポーツでの使用に特化したものでなかったのに対し、頑丈でありながらコンパクトな作りの3S80はスポーツ用の膝として出されたものである。2013年世界選手権の200メートルで自己ベストを出すことができたのは、この膝のおかげに他ならないと山本は言う。現在でもスポーツ用の膝継手は3S80が主流でほとんどの選手がこの製品を使っている。ポポフやワグナーも例外ではない。ワグナーもこの膝継手に変えてから100メートルのタイムを0.1～0.2秒上げてきた。

さらなる義足の進化を求めていた2014年、山本は下腿切断のドイツ人選手マルクス・レームが使用しているオズール社製のチータ・エクストリームというモデルに興味を持った。レームはこのブレードで今まで義足の選手が誰も出したことのないような記録を叩き出していた。100メートル、200メートルといった短距離用に作られているため助走のスピードもそれなりに出る。さらに他のブレードと比べて長くカーボンの使用量が多いため、より大きな反発を得ることができるというものだ。

一方、山本がこれまで使っていたスプリンターはブレードがわずかにしなった後戻ってくるときの反応が非常に速いため、単純に走ることだけを考えた場合エクストリームよりもスピードは出る。そこで山本はそれぞれのブレードの良さを活かして、エクストリームを走り幅跳び用に、スプリンターを100メートル走と200メートル走用にと二つのブレードを使い分けることにした。

問題だったのはチータ・エクストリームをどのように膝継手に取り付けるかということである。スプリンターを3S80に取り付ける場合はオットーボック社が出している専用のスポーツアダプターを使えばよかったが、エクストリームを取り付けようとすると、身長があまり高くない山本の足の長さにちょうど良い具合にはまらない。そこで取り付け方に工夫が必要となった。

山本が考えたのは、エクストリームの一番上の上方に向かって伸びている部分をカットし、そこに金属の部品を取り付け膝継手とつなぐというものだ。日本代表のメカニックとして遠征に同行もしている義肢装具士の知り合いから紹介を受けた名取製作所という会社にお願いをして、ブレードを取り付けるための部品を作ってもらった。ところができ上がってきた義足で幅跳びの練習をしていたときのこと。踏み切った瞬間にアルミニウムでできたアダプター部分が力に耐えきれず折れてしまったのだ。2010年に膝を変えたときと同じような問題がまた浮上したのである。

オズール社の
チータ・エクストリーム

これでは使い物にならない。その話を所属しているスズキの人にしたところ、スズキの研究開発部門の人が特別に手を貸してくれることになった。以前のものは義足のアラインメントの微調整が可能なように部品に細長い穴が一つ空けられていたが、新しいものでは細長い穴の代わりに、ボルトが通るところのみに丸い小さな穴が複数空けられることになった。これによって強度が増す設計である。スズキが作ったアダプターを介して山本の義足にエクストリームが取り付けられた。

ところがそれを使って試合に出ていたところ、5試合目を迎えた頃にブレードの屈曲した部分にヒビが入り、層間剥離してしまったのである。1回の試合では練習と本番を合わせて10回ほど跳ぶので、5試合で50本の跳躍という計算だが、一つ50万円もする高価なブレードを50本跳ぶごとに買い換えなければいけないということは、1回1万円の跳躍ということになる。それではとても採算が合わないため、さらなる工夫が必要となった。

まず山本はブレードを切る位置を変えようと考えた。ブレード上方部の上に向かって伸びているところを残すことで、力のかかる方向を変え、壊れにくくするというアイディアだ。ところが3S80に取り付けようとすると、もともとついているピラミッドと呼ばれる凸状の取り付け部品が余分な長さになって山本の足には長すぎることがわかった。これでは埒《らち》があかない。

知恵を捻って出した答えは3S80を諦め、以前使っていた3R80という膝継手を利用するというものだった。3R80は競技用膝継手ではないが、ピラミッドがついていないため、その機構の一部を利用して山本の足の長さに合うようにチータ・エクストリームを取り付けることができる。膝と足部をつなぐアダプターは再び名取製作所にお願いして特別に作ってもらった。でき上がってきた義足は、イメージに近いものではあったが、実際に使ってみると少し重く、使いこなすのにはぎこちない感じがした。2015年末、再び名取製作所に連絡を取り、アダプターをできるだけ軽くできないかという相談を持ちかけた。

それから数ヶ月経った2016年春、新しい義足ができ上がった。前のものよりも150グラム軽くなった特別なアダプターで3R80とチータ・エクストリームをつないだ義足である。この150グラムの軽量化が、リオパラリンピックを控えた2016年シーズンの戦いで重要な役割を果たすことになるのだが、その話は後の章ですることにしよう。

「常に変化し続けなければ成長できない」

山本は変えることを恐れない。さらに強くなるために、さらなる記録を出すために、山本は変化を求め続けている。義足の技術的進化がパラ陸上の発展を助けていることも事実だが、義足を使いこなすことがいかに難しいかということも忘れてはいけない。

新しい義足に慣れるまでには時間も要するし、使いこなすための工夫も必要だ。膝でもブレードでも新しいものに変えた後、完全に自分のものとして操ることができるようになるまでには3ヶ月から半年もの時間がかかる。膝折れのリスクだって常にある。だが、自分も義足もずっと同じままでは限界がある。だから海外のメーカーから出される新しい製品や、ライバルたちが使っている最新モデルに敏感にアンテナを張り巡らせる。そして最新技術の義足を使いこなすために工夫を凝らし、それに合わせて自分の体も変化させていく。

「こうすれば強くなると自分で考え出したものだから、絶対にうまくいくと信じられる」

誰かがいいと言うからと変えた義足で、同じ結果は生まれない。自分で考え納得して作る義足だからこそ成功への確信がある。自分自身が義肢装具士だからこそ下せる判断。未踏の領域を目指す開拓者山本は、誰よりも自分を強くするための方法を知っている。

リオパラリンピックを前に、ポポフもまた自身が使っている義足に改良を加えていた。使っているランナーというモデルのブレードの長さを60ミリ伸ばしたのである。全長が長くなり使われるカーボンの量が多くなるということは、ブレードのバネとしての働きが強まることを意味している。また、くの字に曲がった部分が体の重心に対してより後ろ側に来るため、膝折れのリスクを低くすることもできる。この改良の直後、ポポフは走り幅跳びT42の世界記録を更新した。

この改良に関して、山本はある疑いを持っていた。国際パラリンピック委員会の定める競技ルールでは、競技に使う義足を構成する部品は、他のすべての選手に対して商業的に利用可能でなければならないという規定がある。つまり、ある選手のために特別に作られた義足の使用というのは認められていないのである。

山本が義足の主要パーツをつなぐために工夫して作ってきた細かな部品でさえも、この規定に引っかからないようにメーカーから販売されている。同じ部品を他の選手が欲しいといえば普通に購入できるのである。ポポフの新しいブレードは、市販のランナーとは長さが違う。それではこの規定に違反することになるのではないだろうか。山本はそう疑った。だが長年の競技歴を持つポポフがそんな単純なミスを犯しているはずはなかった。

山本がこのことについて本人を問い詰めると、ポポフからオットーボック社のロゴの入ったPDFファイルが送られてきた。それはランナーの両端の長さを変えるためのカスタムオーダー表だった。この表を使って一般の顧客がランナーの長さを変更したいと言えば、オットーボック社はそれに対応する。これによりポポフの義足の長さの変更は、彼が競技に勝つために特別に行われたものではないことを示して見せたのである。

ここでは、オットーボック社の義足開発に長年携わってきたポポフのビジネス力が彼のパフォーマンスを向上させたと言ってもいいだろう。技術力、ビジネス力、そういったものが影響するという点において、現代のパラ陸上の面白さは単に鍛錬された人間の肉体の戦いにとどまらないと言えるのかもしれない。

また、パラリンピックでは、障がいの程度によって分けられたクラスごとに競技が実施される。だが厳密に言えば個人の持つ障がいは様々で、同じクラスの選手たちが全く同じレベルの障がいを持っているとは言い切れないケースが多い。山本のクラスT42ももちろん例外ではない。

大腿切断と下腿切断の間には、膝関節離断というもう一つのレベルが存在する。これは膝関節で切り離して膝から下の部分は切除するが、大腿部分はすべて残るというものだ。この膝関節離断の手術を行った場合でも膝関節の機能は損なわれているため膝継手を入れた3つの部分から成る義足が必要となる。T42には大腿切断と膝関節離断両方の選手が混在している。同じような構造の義足を使って競っているが、山本が大腿切断なのに対し、ポポフやワグナーは膝関節離断である。

膝関節離断の場合、大腿骨の末端部分に体重をかけて義足をコントロールすることができる。ソケットも太腿の8割程度を覆うものであれば事足りる。一方、山本は大腿骨を途中から切断しているため、骨の先端が保護されておらずそこに加重すると痛みを伴う。よって義足を付けた際には、大腿骨ではなく坐骨で体重を支持しなければならない。すると山本のソケットは坐骨までを覆うものになるため、上前腸骨棘《じょうぜんちょうこつきょく》とソケットの前側の淵が当たるところで可動域に制限ができてしまう。

これは陸上をやる上で非常に不利なことだ。山本は手術を担当した主治医に、なぜ離断ではなく切断になったのかと尋ねたことがあるが、それは皮膚が足りなかったからだった。山本の断端は骨に穴をあけ、筋肉をそこに糸で固定した状態である。

残っている骨が長ければ、てこの原理により小さな力で義足を動かせる。残っている筋肉が多ければ、その筋力を使って義足を力強く操ることができる。大腿骨の骨端がソケットに接していれば、義足の反発をより繊細に感じ取ることができて、正確なコントロールが可能になる。坐骨で支持しなくてもよければ、関節可動域に制限もない。それでも山本はそれを不公平だとは捉えない。

「スポーツというのはある一定のルールの中でやるものだから」

身長や体重など私たちは皆、異なる身体的特徴を持って生まれる。それでも一つのルールの中でスポーツをする。それはパラスポーツでも同じなのだ。不利だと考えても何も始まらない。だから山本は義足に改良を加え、科学理論を学び、心身を鍛え、不利な点を補うために考え得る限りの可能性を試すのだ。

北京パラリンピック金メダリストのアール・コナーも膝関節離断。彼は短く切断された足でも高いレベルの戦いを挑んでくる山本に感銘を受けていた。

「お前、大腿切断なのにここまでやるってすごいな」

あるとき彼は、素直にそれを口にした。

「俺、足が短いからいろいろ考えてやらないとできないんだよ」

「俺は古い考えの人間だから、まだ古い膝を使ってる」

コナーは世界一にもなる素晴らしいアスリートだったが、それゆえに山本のような義足の研究や工夫はしていなかった。そんな彼に山本がアドバイスをしたこともある。

「3S80とか使ってみたらどうだ？　古いモデルより曲がりがスムーズだぞ」

「ブレードの硬さはどうだ？」

金メダリストも山本の意見に興味を示す。

「カテゴリー3だけど、ちょっと硬い。ブレードの片側を7ミリカットして少し柔らかくして使ってる」

「それはいいアイディアだ！」

山本には足りないものを嘆いている暇などない。義肢装具士として、そしてバイオメカニクスの研究者として、試すことのできる可能性はまだいくらでも転がっている。様々な角度から工夫できる余地がまだそこにあると感じている。もっといい義足が作れて、もっとうまく使いこなせる。その可能性が尽きるときまで山本が限界を見ることは決してないだろう。

大学での研究も、山本のパフォーマンスの向上に大きな役割を果たしてきた。山本が専門としているバイオメカニクスは、人体の構造やその運動を力学的に探究する学問である。特に義足の陸上という、日本国内ではまだ高い水準での競技実績や方法論が確立されていないスポーツ分野において、理論的な枠組みを自ら構築してきたことは競技力向上に大きく貢献したと言っていい。理論に基づくのではなく単に感覚的にやっていたら、ここまでの功績を築くことはなかっただろう。

その最も顕著な例は第6章、第8章でも触れた動作分析である。この動作分析のデータは学部時代に3回、大学院に入ってからも2回取っていた。過去のデータを見直してみると、自分の走りがどのように変化してきたのかがよくわかる。最も大きな変化が見られたのはストライドだった。データ比較による長期的な視点での分析がまたしても山本に重要な洞察を与えることになる。

初めてデータを取った当時は、そのことに特段の注意を払わなかったが、大学院に入ってから6年にわたる期間のデータを合わせて見たとき、義足で蹴ったときのストライドの変化に気付いた。初めて動作分析を行ったときには、義足で蹴ったときのストライドが、健足で蹴ったときと比べて著しく小さかったのに対し、それが徐々に伸びて大学院1年になる頃までに義足と健足のストライドがほぼ同じになっていた。健足で蹴ったときのストライドには、この期間を通して変化がなかった。自分で意識して義足側のストライドを伸ばしていたわけではない。大学院に入ってデータを見るまで自分でもその変化には気付いていなかったのである。

山本はストライドの変化は義足を変えたこととはあまり関係がないと考える。それよりは義足をよりうまく使いこなせるようになったことに起因していると解釈した。それは動作分析とともに、定期的に行っていた地面反力板という装置を使った実験結果からの考察による。

この実験は走っているときに、それぞれの足が地面に対してどれくらいの力を加えているかを測るものだ。義足が持っているバネの性質を有効的に使うためには、義足側の足が接地するタイミングでブレードをたわませ、跳ね返ってくる反発のタイミングに腕の振りと重心の移動をうまく合わせる必要がある。大学入学当初に測ったデータでは、鉛直方向に働く力の成分が健足より義足のほうが小さかったのに対し、新しいデータでは義足と健足どちらもほぼ同じになっていたのである。

これは山本が義足にしっかりと体重を乗せて地面を蹴ることができるようになったことを示していた。つまり、よりうまく義足を使いこなせるようになったということだ。

義足で蹴るときのストライドが大きくなっているという事実に気付いた山本が、これまでの自分の走りのリズムを変えずに両足のストライドを上げるトレーニングに取り組んだことは、前述の通りである。だがその後新たに行った動作分析のデータから、意外な事実が浮上してきた。

なんと義足で蹴ったときのストライドが、健足で蹴ったときのストライドを上回るようになっていたのである。義足側の足が思った以上に良くなっている。これまで山本は健常者のランナーがやっているように、義足と健足を同じリズムにして走るのがベストだと考えてきた。だが、義足側でさらなるストライドを出せるのなら、その利点を活用したほうがいい。

データを見てそう思いついた山本は、走るときに自分の中で感じるリズムを変えることにした。左右均等なテンポで刻んでいたリズムを、左右非対称にすることにしたのだ。義足側でキックした後には時間をより長く取り、健足側でキックした後にはすぐに振り下ろす。義足側がより大きなストライドになる非対称なリズムを心がけて走るようになってから、再び自己ベストを更新した。

健常者の走りと自分の走りはどこが近くて、どこが遠いのか。義足と健足で同じような動きを求めたほうがいいのか、それとも違う使い方をしたほうがいいのか。それは山本が大学入学当初からずっと抱き続けてきた疑問だ。

初めは義足でも健足でも「走る」という行為は同じ運動なのだと思っていた。自分より少し速い健常者のランナーたちの走りを真似しようというところからスタートした。足関節や膝関節など、自分の体から失われている部分を真似することはできなくても、断端や他の体の部位で健常者と同じように動かせるところを真似しながら練習を続けてきた。

次第に山本の体は、義足での走りにおける欠陥を補完して、より健常者に近い走りができるようになっていった。義足を使うがゆえに不利に働いている要素を一つ一つ潰していった。義足を健足のように使うために、様々な筋肉を鍛える努力もした。

そして今、新たな気付きに辿りついた。健常者の走り方に近づけることを超えて、義足の特性を活かした独自の走りをすることでさらに速く走れるということだ。それは長年にわたる科学的データがなければ得られなかった答え。分析を通して客観的に事実を捉えることができたことの産物に他ならない。

今、山本には自分の走りが昔に比べてなぜ、そしていかにして速くなっているのかが明確にわかる。地面反力板や動作分析を使った義足の陸上に関するバイオメカニクス研究は世界的にもまだそれほど多くない。一本の足に三足の草鞋《わらじ》を履いた山本は、力学データと向き合いながら、まだまだ計り知れない義足アスリートの可能性を探り続けている。

第11章 障がいが健常を超える面白さ

「パラリンピックが、いまだかつてない面白い時期に差し掛かっている！」

山本がそう言って興奮するのは、下腿切断のドイツ人選手マルクス・レームが8メートル以上の跳躍で健常者のオリンピック選手とも対等に競い合えるような記録を出し始めたからだ。

２０１５年カタールのドーハで行われたＩＰＣ世界陸上競技選手権でレームが打ち立てた走り幅跳びＴ44の世界記録8メートル40は、同年行われた健常者の大会ＩＡＡＦ《国際陸上競技連盟》世界陸上競技選手権の優勝記録8メートル41とたった1センチしか違わなかった。２０１２年ロンドンオリンピックの金メダル記録が8メートル31、２０１６年リオオリンピックの金メダル記録が8メートル38であることを考えてみても、義足でこれほどの距離を跳ぶレームのジャンプがいかに刺激的なものかわかるだろう。

２０１２年のロンドンオリンピックには南アフリカ人のオスカー・ピストリウスという両足

義足のランナーが出場していた。義足の陸上選手がオリンピックに出場したのはこれが初めてのことだ。ピストリウスのオリンピック出場を巡っては、2008年の北京オリンピック前に国際陸上競技連盟が、カーボン製の競技用義足が生み出す推進力が競技規定に抵触するとして出場を認めないことを表明した。だがその後ピストリウスはスポーツ仲裁裁判所に申し立てを行い、最終的には彼が競技用義足を使用して健常者の大会に出場することを認める裁定が下されたという経緯がある。

北京オリンピックの選考でピストリウスは五輪参加標準記録を突破できず出場を逃すものの、ロンドンの前にはA標準記録をクリアして出場権を獲得した。ロンドン五輪本番で400メートルのレースに出た彼は準決勝進出を果たし、また4×400メートルリレーの決勝でも南アフリカチームのアンカーを務めたのである。

ピストリウス同様、レームはパラリンピックだけではなく2016年のリオオリンピックという健常者の大会に戦いの舞台を求めていた。一流のパラアスリートが健常者の大会に出たいと望むのはもっともなことである。というのも、パラスポーツの世界選手権には空席が目立ち、メディアの報道もごく限られたものだけ。オリンピック選手と変わらぬ時間と労力を費やして競技力を高めても、多くの人の目に触れそのパフォーマンスを賞賛されるような機会はまだ少ない。競技スポーツとしての扱いには健常者スポーツと比べると雲泥の差があることは否定できないだろう。功績と名声を追い求めるアスリートたちにとって、より華やかな舞台でより大きな成功を収めたいと望むのは自然なことだ。さらにレームの場合はパラ陸上界に記録を競い合いながら切磋琢磨できるようなライバルさえいない。

レームを取り巻く状況が一つピストリウスと違ったとすれば、それはレームがオリンピックに出場すれば金メダルが射程距離にあるという点だろう。彼がドイツ国内の健常者の大会に出場し、健常者にも劣らない記録を出し始めると、彼のことを悪く言うライバル選手たちも現れた。そこにはカーボン製の義足がバネの役割を果たし、人間の足よりも有利に働いているのではないかという疑いがあったからだ。そしてそれはもしかすると私たちのどこかに、足を切断した障がい者が健常者の身体能力を上回ることを認めたくない、いわば人間ごときが作り出した道具が神の作った人間の体を超えるべきではないとでもいうような観念が働いていたからなのかもしれない。

山本は同じ大会に出場する中で、レームの活躍を身近に見ながらこう語っていた。

「俺の中では、障がい者が健常者の記録を超えられるかもしれないというところに快感と面白さがあるんだろうね。スポーツである以上、記録が平凡だと面白くない。パラスポーツを見る今の俺の観点は完全にそこにある。健常者の記録を超えるかどうか。今はそういう時代になっている」

現在、国際陸上競技連盟の競技規定では、義足の選手がオリンピックに出るためには選手自身で義足が有利に働かないことを証明しなければならないことになっている。これはピストリウスがオリンピック出場を認めるよう申し立てを行ったときには存在しなかった記述である。

リオオリンピックを控えた2016年春、レームはケルン体育大学、コロラド大学、そして産業技術総合研究所の研究者たちの協力の下、義足が彼のジャンプにおいてどのような働きをしているのかを科学的に解明するバイオメカニクスの実験を行った。その結果を楯にオリンピック出場を目指そうとしたのである。

走り幅跳びは概して助走と踏み切りという二つの要素からなるが、実験結果が示していたのは、助走では義足のほうが健常者と比べて不利になるが、踏み切りにおいては義足のほうが有利、よって全体としては義足を使うことが不利とも有利とも言えないというものだった。レームはその結果を踏まえた書類を国際陸上競技連盟に提出したが、不利とも有利とも言えないという実験の結論は競技規定にあるように、有利に働かないことを証明するには至らず、結局レームのオリンピック出場が認められることはなかった。

「自分が選手としてマルクスのポジションにいたら健常者の大会に出たいと思うだろうけど、バイオメカニクスの研究者としてデータを見る限りでは、義足のアスリートはオリンピックに出られないと思う」

山本はレームの実験結果を見ながらそう語る。実験では、健常者と義足の選手それぞれの踏み切りのときにかかる力が地面反力計を使って計測されている。

健常者と義足の選手の計測結果を比較すると顕著な違いが見て取れる。踏み切りのときに助走で得たスピードを減速させる力の成分が、健常者の選手に比べて義足の選手のほうが遥かに小さいという点だ。つまり踏み切りにおいて、義足の選手のほうが健常者の選手よりもブレーキをかける力が弱いため、助走で獲得した速度をジャンプに活かしやすいということになる。山本が義足の選手はオリンピックに出られないと考えるのは、この踏み切りという点においてやはり義足が有利に働いていて、この要素が走り幅跳び全体のパフォーマンスに大きな影響を与えると解釈するからなのである。

義足で走る場合、健足で走るほど助走のトップスピードが出ない。走り幅跳びは助走スピードと踏み切りのテクニックの両方の要素が複雑に絡み合ってそのジャンプの距離に影響を与えるため、踏み切りにおいて有利だからといってそのまま義足がずるいとは言えないことを覚えておかなければならない。ただ走り幅跳びにおける助走と踏み切りの相関関係や影響の比重を正確に数値化するのは難しい。

レームの行った実験結果が示しているのは、走り幅跳びをする際の義足の物理的働きが、人間の足の性質とは根本的に異なるものであるということだ。異なるものを一つの土俵で比較できないというなら、義足の選手は健足の選手と同じ大会で戦うべきではないということになる。

「たとえ同じ大会に出られなくても、マルクスがオリンピック選手の記録を抜くか抜かないかというところには面白さがある。障がい者の記録が健常者と同じ記録として扱われなくてもいい。障がい者が健常者と同じだと思われなくてもいい。義足が健足より有利だと言うならそのほうがいい。そしたら義足は健常者の足より上だってことになるでしょ。俺はただ障がい者が健常者より下だってことを否定したい」

義足がバネとして働くことでより遠くまで跳べるというとき、義足のほうが健足より優れていることを示唆するその主張は、障がい者が健常者より劣っているという考え方を消し去ってくれるのかもしれない。

そもそもパラリンピックは戦後、障がいを負った兵士のリハビリとしてのスポーツから始まったものだ。

当時の医学界では、戦争で障がいを負った多くの兵士たちのニーズに従来のリハビリだけでは十分対応できず、その方法論の再評価の必要性に迫られていた。英国政府の要請を受けて、ストーク・マンデヴィル病院に脊椎損傷センターが作られ、ドイツ生まれの医師ルートヴィヒ・グットマン博士がそのセンター長に就任した。彼はリハビリにおけるスポーツの心理学的な価値をよく認識していた人物である。スポーツを行うことは患者たちに希望を与え、自分の価値を見出させることにつながる。リハビリとしてのスポーツがやがてレクリエーションとなり、そしてそこから競技スポーツへと発展していった。

１９４８年7月29日、ロンドンオリンピックの開会式の日にグットマン博士は病院内で退役軍人の車椅子患者たちのためのアーチェリー大会を開催し、ストーク・マンデヴィル・ゲームズと名付けた。これが一般にパラリンピックの起源とされているものである。

グットマン博士の視野は、リハビリで患者たちを医学的、精神的に救うことだけでなく、患者たちが自らの選んだ分野で秀でることができると実証することで、脊椎損傷に対する社会の態度を変えようとするところにまで及んでいた。彼は競技スポーツを通して障がいを負った患者たちがより広い社会に完全に統合されることを目指していたのである。

近年は、パラリンピックがエリートスポーツとなるにつれてその意味合いは徐々に薄れ、エリートアスリートたちのパフォーマンスに注目が集まるようになってきた。

「インクルーシブ・スポーツ」という考え方がある。

障がいのあるアスリートたちが健常者アスリートとともに、同等な立場で参加しスポーツをすることを目指す概念である。これは障がいのあるアスリートが参加できるようにスポーツになんらかの変更を加えたり、特別な装置や技術を使ったりする「アダプティブ・スポーツ」とは異なる考え方だ。どちらも障がいのある人たちがスポーツに参加する平等な機会を提供することを求める概念ではあるが、パラリンピックやその他のパラスポーツ選手権はパラアスリートのみが参加しているため、アダプティブ・スポーツの範疇《はんちゅう》にあると考えられている。オリンピックとパラリンピックを同等に扱おうという動きは近年強まっているが、それらを統合しようというところまでインクルーシブ・スポーツの概念は浸透していない。

パラスポーツを健常者のスポーツイベントと同等に扱うという意味で成功しているのは、イギリス連邦に属する国と地域のアスリートが参加して4年ごとに開催される総合競技大会「コモンウェルス・ゲームズ」である。2002年にイギリス、マンチェスターで行われた大会では、健常者のスポーツとともに10のパラスポーツ種目が同じプログラムに組み込まれ、20カ国のパラアスリートたちが競い合った。その後もコモンウェルス・ゲームズは、パラスポーツを組み込んだインクルーシブ・スポーツの大会として開催されている。

また、近年夏にロンドンで行われているIPC陸上グランプリファイナルも健常者の大会であるIAAFダイヤモンドリーグの一試合と共同で開催されている。2012年のロンドンオリンピックの会場となったスタジアムで行われるイベントで、ウサイン・ボルトやモハメド・ファラなどオリンピックの金メダリストが出場する種目とともに、開催地地元のイギリス人選手が強いものを中心にパラ種目も合わせて開催され賞金も出される。山本が見本にすべきだと考えている大会フォーマットの一つだ。

インクルーシブ・スポーツという概念は、障がい者の社会的統合というスポーツの枠を越えた使命を担っているところがある。社会生活一般において障がい者差別をなくそうというのと並行して、スポーツにおいても障がい者だから健常者のスポーツイベントには出られないという差別をやめようという声が強くある。実際、レームが出場した欧州の陸上イベント運営組織の代表が、パラアスリートもまた健常者アスリートと同様に心身の鍛錬をしてきたエリートアスリートであることを尊重し、彼らを別に扱うという差別はしないと豪語していたのにもそれは顕著に表れていた。

だからレームが健常者の走り幅跳び選手たちと一緒に同じ大会の同じ種目に出たいと言ったとき、障がい者の社会的統合という観点からインクルーシブ・スポーツを志向する多くの人々が彼の参加を支持したのは非常に理にかなっている。だが、その社会的スローガンだけを根拠に、スポーツという特化された分野において、障がい者の統合を支持するのだとしたらそれは少し短絡的すぎるのかもしれない。

とは言え科学的根拠に基づいて判断するのも難しい。山本自身の動作分析のデータの変遷や義足の改良からもわかるように、義足を使ったスポーツのパフォーマンスは義足自体の技術的な発展と、それを使う人間の能力が絶妙に合わさって向上する。どこまでが義足の力で、どこまでがそれを使うアスリート個人の能力なのか、明確に線を引くことは難しい。さらにトップレベルで義足の陸上をやっている選手の数がそれほど多くないため、科学的にもそれを決定し得るだけのデータを取ることが困難だ。

何をどこまで「インクルード」すべきなのか。その問いは簡単には答えられるものではない。「男子走り幅跳び」という種目と「男子走り幅跳びT44」という種目は本当に同等なものであり、一つの種目として扱われるべきなのか。バイオメカニクス的な見地から判断されるように、義足の幅跳びと健足の幅跳びを別のものとして扱い、別の範疇に置くべきなのか。障がい者のインクルージョンという社会的目的のために、たとえ科学的には違うものだと認めたとしても一つの種目として合同で行うべきなのか……。

そこでは社会的、科学的、あるいは倫理的な多くの観念が絡み合っている。

パラスポーツの理想のあり方とは何か。その議論はまだ始まったばかりだ。本当の意味で国際陸上競技連盟がその議論に応じる考えを示したのは2016年になってからのことだと見るべきだろう。だが、その中で一つ出てきた新しい考え方は、一つの種目として一つのスタートリストの下に合同で行うが、記録は別の種目のものとして扱うという折衷案だ。最良のフォーマットがなんなのかはまだわからないし、国際陸上連盟が2017年の世界陸上を前にどのような答えを出してくるかは非常に興味深い。だがこの議論は障がいに限らず私たちが普段「自分とは異なる」と考えがちなものをどのように「インクルード」、つまり包含、あるいは受容していくのかを考える上での大きなヒントになるに違いない。だからこのディスカッションが開かれたということはそれ自体大きな一歩なのである。そして私たちはこの議論を続けていかなければならない。

あるいは、また別のアプローチもある。義足が有利に働いていないと示すことで健常者の大会に競技の機会を求めるピストリウスやレームのような選手がいる一方で、山本やポポフはむしろ義足を最新テクノロジーの限界まで駆使し、義足ならではのより見応えのある走りや跳躍にフォーカスしたパラスポーツの発展を考えている。特に大腿切断のT42の場合、下腿切断のT44に比べて足の機能の損なわれた部分が大きい分、義足に頼る度合いが増す。よって、競技パフォーマンスが義足に依存する度合いもより高いわけだ。

次章で詳しく見ていくが、実際リオパラリンピックを前に世界記録が次々と更新されていった事実の背景には、選手たちが義足の改良を戦略的に模索していたことがある。健常者の身体と義足を含めたパラアスリートの身体が対等だと主張するのはもうやめて、義足の技術とそれを使いこなす技を楽しむ全く別の競技として扱おうというのが山本の考える義足の陸上である。

国際パラリンピック委員会の競技規定では、選手の自然な身体能力を超えてパフォーマンスを強化する機能を備えた義足の使用を禁止すると同時に、使用する義足を構成する部品がすべての選手にとって商業的に利用可能でなければならないとされている。あるメーカーが特定の選手のために特別に開発したものの使用は認められていない。だが、例えば現在の競技規定を越えて技術の限界まで推し進めたら、大腿切断のアスリートはもっと速く走れて、もっと遠くまで跳べるのかもしれない。

２０１６年にはチューリッヒ工科大学が運営するサイバスロンというアシスト技術を使った障がい者の競技会が初めて開催された。これは日常生活で障がい者の役に立つ新しい技術の発展を促すことを目的とするものだが、そこには技術が身体機能の失われた人間に再び能力を与え、技術が社会から障がいを消し去るという考え方がある。エリートアスリートの身体能力を競う場としてのパラスポーツ大会とは異なるが、人間の生理学的可能性という点において障がいと健常の観念を根本的に変えるものだ。そして山本が言うように、義足が健足より優れているというなら、障がい者が健常者より下だという観念を否定できるかもしれない。ちなみにこのサイバスロンには大手義足メーカーのオズールとオットーボックも参加していた。

身体能力とともにテクノロジーを競うという考え方に基づいたパラスポーツは、「障がい者が健常者より優れている」というメッセージを社会に送り出すのかもしれない。

パラスポーツの放送に世界で一番力を入れているイギリスの放送局チャンネル4がそのテーマにも使っている「スーパーヒューマン」という言葉にも表れているように、パラアスリートの魅力というのはどこか健常者を超えているというところにある。

それはもともと障がいがあっても、世界レベルで素晴らしい競技スポーツのパフォーマンスを見せる人たちという意味合いが強かったのかもしれない。だが今は障がいを乗り越えたということを差し引いても、目の前で繰り広げられているパフォーマンス自体が人間の生理学的可能性を超えているというところに行き着きつつあるように思える。

義足のアスリートの競技を見に行って、足がなくて可哀想な人が頑張って走れるようになったと賞賛して終わるのは時代遅れだ。私たちの誰もが、例えば背が低いとか、華奢だとか、ある競技をする上で必ずしも恵まれたとはいえない身体的特徴を持って生まれてきただろう。それでも一流のアスリートとしてトレーニングをするということは、そのすべてを克服し他のすべての人に勝る絶対的なパフォーマンスをマスターするということである。

今、我々がパラリンピックで見るべきなのは、障がいを克服したことのすごさではなく、その後世界の頂点に立つために磨き抜いた身体とスキル、そして鍛錬を続ける人間性なのではないだろうか。それはときに身体のある機能を失うことなしには開花することのなかった、健常者を超えた能力かもしれない。

山本は自分の種目以外に関しても「障がいが健常を超える」という観点からパラ陸上の面白さを考えている。

「俺が面白いって思う競技の一つは車椅子の1500メートル。ポジション取りのバトルや駆け引きがすごい。スピードがあって時間も3、4分くらいだから、短時間の駆け引きの中でポジションがある程度決まって、そこからすぐにスパートに入る。だから迫力があって見ていてすごく興奮する」

車椅子のレースは走るよりもスピードがあって、凝縮されたレースにエキサイティングな展開がある。

「それから盲目のクラスの100メートル。アンゴラの選手とか、伴奏者が引きずられるほど選手が速いことがあるんだよ。健常者でアンゴラの選手って10秒台で走るような選手はほとんどいない。だから障がい者が10秒台で走ると健常者が引きずられちゃう。そういう姿を見ていると快感を覚えるね」

ここでも山本の興味をそそるのは、障がいが健常を超える面白さだ。

彼が健常を超えることにこだわるのは、足を失ってから持ち続けてきた信念ゆえと言えるだろう。

「俺は障がい者じゃないって言っても、みんなは障がい者だと言うだろうね。左足がないという物理的欠損があるからそれは仕方ない。実際、俺は障がい者手帳も持っている。でも、障がい者だから何かができないって言われると楯突きたくなる。そしていつも自分のまわりにいる俺のことを知っている奴らに、『やっぱりお前は障がい者だよな』って言われたら終わりだって思ってる」

「障がい者」という言葉について回るイメージは今でもネガティブだ。山本はそれを変えたがっている。パラリンピックの生みの親であるルートヴィヒ・グットマン博士は「失ったものを数えるな、あるものを最大限に活かせ」と言った。山本の思う障がい者という言葉につきまとう負のメンタリティというのは失ったものを数えて嘆くことだ。

健常者の記録を超える勢いで、パラスポーツに向き合っているアスリートたちのどこにもそんなマインドはない。嘆くことが意味のないことだと自然に気付き、前に進むことのできた山本は、失ったものを数える人々に厳しい言葉を浴びせかける。

「見た目が障がい者であることは構わない。でも、マインドセットが障がい者の人は好きになれない。障がい者手帳を持っている人の8割くらいは、マインドが障がい者なんだと思う。俺はマインドが障がい者だってことは認めてない。だから俺のことを知らない人が山本篤は障がい者だって思うのは仕方ないと思うけど、俺の人間性を見てやっぱり障がい者だなとは思われたくない。見た目が健常者だって、マインドが障がい者だっていう可哀想な奴はたくさんいるよ」

それは山本の競技に向き合う姿勢にも言えることだ。

彼がいつも口にするのはアスリートとしての覚悟。それは記録を出し、勝つことにこだわる強い意志である。パラリンピックは純粋にエリートアスリートの集う大会というオリンピックとは一線を隔てて、参加することに重きが置かれることもある。だが山本が「自分はアスリートである」という自覚を忘れることはない。

「なんとなくできたらいいなとか、やっていることに意味があるということじゃない。パラスポーツだろうと健常者のスポーツだろうと、陸上を仕事にしているんだから、結果を出さなきゃいけないと自分を追い込んでいる。企業に雇用されて、賞金をぶら下げられて戦っている以上、自分に課しているものがある。日本のパラ選手にはは追い込まれてアスリートとして戦っている人が少ない」

山本が海外のアスリートを強く意識するのは、同じレベルで戦っているポポフやワグナーといったライバルたちにはその覚悟を感じるからだ。今、世界的にもパラ競技がエリートスポーツとして成熟しようとしている。それは逆に言えば、パラスポーツに取り組む者たちもまた自覚を持ち、トップアスリートとして成熟しなければいけないということでもある。

「障がいのある人がパラリンピックに参加することに意義があるということは肯定する。つまらない記録を出すなとも言わない。でも、100メートルという一つの競技でいつまでも13個も金メダルが出るようなものでは、その程度のものと思われてしまう」

山本は危機感を持って、現在の種目数のままパラ陸上のレベルを上げていくことの難しさを指摘する。競技者数の少ないクラスでは、200メートルや800メートル種目がなくなっている。クラスによって種目を特化させる取捨選択をしなければ、観客を魅了するような高いレベルの戦いを保証していくのは難しい。

「もし、自分にいくらでもお金があって、好きなだけ招待選手を呼んで大会をやっていいと言われても、きっと面白いと思う競技しかやらないと思う。どこまでやってもいいよと言われても、多分そうする」

山本の考えるパラスポーツのあり方は、本当に覚悟のある選手たちが世界の頂点を競い合うというものだ。

「今の風潮はオリンピックとパラリンピックを同列に扱おうとする方向に向かっている。でも、レベル的に考えたらそんなことはあり得ない。年齢が35歳以上の選手向けの大会、マスターズと同じくらいのレベルにあたるはず。だからパラリンピックは過大評価されていて、俺は超ラッキーだと思っているよ」

社会的目的のために、パラリンピックを弁護しない山本はどこまでもアスリートだ。

「だから俺は、その波に乗って障がいに対するイメージを変えたいと思っている。でもそのためには、観客を魅了するようなパフォーマンスを見せなきゃいけない」

山本篤は失ったものを嘆いたりはしない。むしろ与えられたものは、貪欲にむさぼり利用していくしたたかな人間だ。そして、成功にしたたかさは不可欠である。

そのパワーで従来の障がい者に対する既成概念を壊そうと自ら体現してきた。ライバルたちとの、そして自分の記録との戦いを通して、覚悟を決めたアスリート山本篤は自分の持てるものをこれでもかと見せつけてくる。

「ひどい言い方かもしれないけど、足のない奴でもこんなに跳べるんだ、っていうところを見てほしい」

だから、彼のパフォーマンスはいつも美しい迫力に満ちている。

第12章 山本篤の美学

山本篤には美学がある。

「アスリートはカッコよくあるべきだ」

彼が競技中にサングラスをかけているのは、太陽の光が眩しいからではない。視界に入って気を逸らす視覚的情報を減らすためでもない。

それは紛れもなく自分をかっこよく見せるためのものだ。向けられるテレビカメラやフォトグラファーのレンズの先には、かっこいいアスリートがいなければならない。山本はキャリアを通してその考えを一貫してきた。

かっこいいということは、山本にとって常に重要な価値だった。高校時代にバイクに乗り始めたのもそうだったし、スキーからスノーボードに転向したときもそうだった。かっこいいと思うものに惹かれ、自分もそのかっこいいものになろうとする。かっこいいという価値はいつも山本の重要な原動力の一つだった。

足を失ってから、その「かっこいい」ということは、彼にとって益々重要になった。リハビリ室の鏡に映った片足のない自分の姿に失望したのは、そこに投影された像とかっこよくなければいけないはずの自分との間に隔たりがあったからかもしれない。

山本が感じていた障がい者という言葉につきまとうイメージは、恐怖や当惑、あるいは同情や憐憫《れんびん》といったもので、不便であろうその日常にも屈せず何かを成し遂げるという内面的な魅力こそ評価されても、その容姿から魅惑的な熱望の対象とされることはあまりない。だが、彼のナルシスティックな自己像の実現のためには、その風姿やスタイルから大衆の客観的賞賛を得られるものでなければならなかった。それはスノーボードでグーフィースタンスに変えたときもそうだったし、マクフォールに出会ったときもそうだった。かっこいいということが、山本の中でネガティブなイメージとリンクされた障がい者である自分を消し去るキーワードになっていたのだ。

サングラスをかけ始めたのは2006年のこと。国際大会にも出場するようになり、自分が競技する姿をより多くの人に見られるようになった。内的肯定のためだったはずの自己像は、いつしかより広い社会に対する声明となっていった。テレビに映るとき、新聞に写真が載るとき、もっともかっこいい自分がそこにいる必要がある。

「障がい者アスリートはまずカッコよくなければいけない。そうじゃなかったら社会の見方は変わらない」

山本は障がい者という言葉から連想される否定的なイメージをかっこいいものに変えたいと願っている。

「子供たちがパラアスリートを見てカッコいい、あんなふうになりたいと思ってもらえるようになりたい」

山本自身も小学生の頃、活躍するスポーツ選手の「かっこいい」姿を見て、野球選手になりたいとか、F1ドライバーになりたいと思ったものだった。

元メジャーリーガーの野茂英雄投手が、小学生のときにすでに自分のサインを考えていたと聞くと、自分もサインが必要だと思って考えた。竹冠に馬を書く篤という漢字を崩して考えたそのサインを今も使っているというから驚きだ。

かつて山本が憧れた選手たちが見せてくれたその生き様やスタイルから、彼の中にアスリートとはこうあるべきだという美学的模範のようなものが確立された。今はそれに則って自己像を操作する。競技をする山本の姿を見た子供たちが、純粋にいつか彼のようなスポーツ選手になりたいと夢見てくれるのが理想だ。

サングラスをかけ始めただけではない。上半身の筋肉もその理想のアスリート像に近づくためにつけた。走り幅跳びで踏み切った後、義足の左足を前に回すようにしているのもかっこよく写真に写るためだ。競技のパフォーマンスのためにやり始めたのではない。すべてはイメージのためだ。

「一番カッコいい自分の一番カッコいい瞬間を、フォトグラファーの人にも是非撮ってもらいたい」

山本は「かっこいい」パラアスリートの画像や動画が出回ることは重要なことだと考えている。そうすることで、障がい者のイメージはかっこいいものに変わると信じているからだ。

パラリンピックの取り上げ方について、一度新聞記者に楯突いたことがある。

山本の活躍はパラリンピックデビュー前から時折メディアに取り上げられていたが、来るのはいつも社会部の人でスポーツ部から取材を受けたことはほとんどなかった。それは一体なぜなのだろうかと、いつも疑問に思っていた。

2008年、北京パラリンピック前のことだった。日本代表のオリエンテーションとユニフォームの採寸などが行われる合宿があり、その一環としてメディア対応についての講習の時間が組まれていた。その講師として呼ばれていたのが読売新聞の記者である。その人は社会部から来た者だと名乗った。山本は前々から感じていた疑問をその中年の男性にぶつけた。

「なんでパラリンピックの取材にはいつも社会部の人が来るんですか？」

「今パラリンピックを扱っているのは社会部なので、社会部の記者が取材することになっています」

なぜスポーツ部が扱わないのだろうと思いながらも、そのときはそれ以上何も言わず黙って講習を受けた。

北京から戻ってきた後、今度は読売新聞から取材を受けることになった。スズキのオフィスに別の社会部の記者がやってきた。山本はまた同じ質問をした。

「なんでパラリンピックの取材に社会部の人が来るんですか？　僕はスポーツをしているのに、社会面に載るのは嫌です」

記者はもっともらしい理由で山本を説得しようとした。

「社会面のほうが紙面のスペースが大きく取れるんです。スポーツなら小さくしか載らないので、社会面でより大きく取り上げられるほうがいいんじゃないですか？」

山本は頑固だった。

「小さくてもスポーツ面のほうがいいです」

徐々に感情的になっていくのを感じ取って、側にいたスズキの広報担当者がなだめにかかった。記者が去った後、広報からはひどく咎められた。

「そういうことは選手本人が言うべきじゃない」

怒りは収まっていなかった。

「自分で言わなかったら誰が伝えてくれるんですか？」

とにかく選手として悪い印象にならないように努めてくれと説得されてその場は収まった。結局、そのインタビュー記事は社会面に載った。

スズキが各メディアへの露出を広告効果として計算していることを知っていた山本は、企業のアスリートである以上サポートしてくれている所属会社にとってマイナスになるようなわがままを言ってもいられないことはわかっていた。だが、胸の奥深くには「自分はスポーツ選手なのだ」という思いがいつもある。

なぜ、オリンピックはスポーツ面で取り上げられるのに、パラリンピックは社会面なのか。テレビ局の取材でも同じだった。オリンピック選手はスポーツ部の取材クルーが担当するのに、パラリンピックとなると福祉の部署から人が派遣されてきた。

取り上げられ方もスポーツとは違っていた。スポーツ記事であればまず結果があり、パフォーマンスについて評価するインタビューなどが添えられる。だが、社会面に載るときはいつも「17歳のときにバイク事故で足をなくしたにもかかわらず頑張っている山本選手」と書かれる。可哀想な障がい者として扱われるのは、もううんざりだった。この期に及んでそんな思いでスポーツをやっているつもりはない。

パラスポーツのイメージを変えようとして、スポーツ選手らしくかっこいいスタイルを作り上げる努力をしているにもかかわらず、いざメディアに取り上げられるとなるとそれが響かないのが虚しかった。

第12章
山本篤の美学

それでも山本は諦めていない。パラスポーツがかっこよく報道されるようになるまで頑固に訴え続けていく覚悟だ。

陸上という競技の場を通してアスリートとしての自己像を操り、スポーツを超えたメッセージを伝えようとする山本は、ショーマンの素質とでもいうべきものを備え持っている。幼い頃から目立ちたがり屋だったというのも手伝っているが、山本は注目されたい、有名になりたいという名声を求める自分について語ることを恥じない。

「結果を出してメディアを振り向かせたいんだよね」

ロンドンパラリンピックを控えた2012年6月のジャパンパラ陸上競技会では、下腿切断の女子陸上選手中西麻耶が活動資金捻出のためのセミヌードカレンダーを発売していたことなども手伝ってマスコミの注目を集めていた。同じ走り幅跳びの跳躍場にいながら、自分には見向きもしない大勢の報道陣を前に山本は考えた。

「この報道陣を俺に釘付けにするために、何かしないといけない」

もちろん、彼らは山本を取材に来ているわけではない。中西を差し置いて山本を取り上げざるを得なくなる状況をなんとしてでも作り出す必要があった。それができるのはもちろん記録しかない。この状況で山本は6メートル24を跳び、日本記録を更新してみせたのである。

2015年ドーハのIPC世界陸上競技選手権のときもそうだった。それまでパラ陸上の国際大会にテレビ局が取材に来ることはほとんどなかった。リヨンで行われた世界選手権のときは、優勝したにもかかわらずインタビューエリアに日本メディアはゼロ。「有名になりたいのに、有名になれない。俺はこういう星のもとに生まれたんだ……」と嘆いたのだった。

しかし2016年のリオパラリンピックに向けて、日本からだけでも主要局のテレビカメラが複数台入っていた。ここで見せなければと意気込んだ山本は世界記録とはいかないまでも、大会記録となる6メートル29の金メダルで、マスコミの注目を集めたのである。山本にとって注目されるということは、結果を出すために不可欠な要素の一つなのだ。

かっこいいアスリート像を築き上げてきた山本だが、自分には欠けていると思うものが一つあった。それは美しい笑顔である。興味を持った相手に対して、なんの躊躇いもなくアプローチできる社交的な性格とは相反して、山本のルックスは一見したところ無愛想に見える。本人は機嫌が悪いわけでも何かが気に入らないわけでもないのに、そのぶすっとした表情に本心とは違う感情を読み取られることはよくあることだ。陸上を始めて数年経った頃、表彰台に立つ自分の写った写真を見てふと思った。

「嬉しいはずなのに、なんだかふてくされてるみたいだな」

そこで山本は鏡に向かって笑顔の練習を始めた。まずは笑顔を出そうと思った瞬間に、すぐ笑顔を出す練習である。鏡に向かって、ぶすっとしたその表情からゴーサインと同時ににこりと笑ってみる。最初はつくり笑顔だと丸わかりだったが、段々と表情筋が鍛えられてきたのか即座に笑えるようになってきた。すると次の課題は、どうやれば一番綺麗な笑顔になるかである。鏡の前で試行錯誤を重ねながら練習する。口角を上げ目を細くし、その度合いを微調整した。さらには「笑顔率」がパーセンテージで表示されるデジカメを持ち出して、笑顔率100パーセントが出せるところまでに笑顔を鍛錬したのだった。何事においても彼の徹底ぶりには脱帽だ。今山本が表彰台でカメラを向けられるとき、その顔には完璧な笑顔が浮かんでいるはずである。

目立ちたい、注目されたいというナルシスト的願望があることを山本は否定しないが、それとは別にメディアに取り上げられること、様々な媒体での露出が増えることは、障がいに対するイメージを変えるという山本のパラリンピアンとしての使命とも直結している。

自分自身が普段感じる障がい者に対する「可哀想な人たち」という、圧倒的な印象が正しくないことは、障がい者とかかわったり障がいについてもっと見聞きしたりしてもらうことでしか伝わらないと考える。彼のようなパラアスリートがメディアに多く取り上げられることで、足がない人や手がない人、車椅子の人など「自分とは異なる人たち」と捉えられがちな障がい者が、もっと広く一般の人たちの目に触れるようになる。そうやって障がいを見慣れることで、障がい者がいるのが当たり前だと感じられる社会へ一歩でも近づけたいと山本は願っているのだ。

2015年12月、山本は同じ事務所の元マラソン選手、有森裕子が代表理事を務める非営利組織が支援するアンコールワット国際マラソンにゲスト参加したいと申し出た。地雷で足を失った人の多いカンボジアの現状を実際に現地に行って見てみたいという思いと同時に、今はそれほど強くないアジアの義足スポーツのレベルを底上げしたいという意図があった。

10キロのレースを終えた山本のところに、地元のテレビ局の記者がインタビューにやってきた。近くに通訳のできる人もいたので、「もしわからなかったらヘルプしてください」と事前にお願いして、あとは当たって砕けろの精神で英語のインタビューに応じた。たとえ拙くても自分の言葉で思いを伝えたいというのが山本だ。

「この大会はいかがでしたか?」

「とても暑くて汗だくになってしまいましたが、アンコールワットの遺跡のまわりを走れるというのは素晴らしかったです」

「10キロという距離はどうでしたか?」

「僕はもともとスプリンターなので、トレーニングもせずに10キロというのは長く感じました」

「タイムはいかがでしたか?」

「63分でした」

「それはご自身ではどうですか?」

「普通じゃないですかね……」

「来年また出場したいですか？」

「リオがあるのでわからないですが、また是非戻ってきて走りたいです！」

完璧なインタビューだ。

カンボジアに飛ぶ前、現地の人が競技用義足を見ると必ず欲しいと言うから、そこは素直にノーと言ったほうがいいと言われていた。案の定、到着して現地の参加者に最初に言われた一言が「その義足をください」だった。山本のように高価な競技用義足を何本も揃えられるような人はいないのである。

カンボジアには90年代に地雷で足をなくした人々がたくさんいる。だが、人口に対する義足の人の割合が高いにもかかわらず、障がい者に対する差別が多いと聞いて山本は愕然とした。カンボジアでは、義足を付けていることが知られていなければコミュニティの人々から対等な扱いを受けられても、義足だということがばれた瞬間突然見下されるようになり、話もしてもらえなくなるのだという。だからカンボジアで足のない人たちには松葉杖を使って歩くという選択肢はなく、義足を付けて長ズボンで隠しながら生きているというのだ。

山本は義足を見せて歩くことを厭《いと》わない。むしろ義足であることをアピールしている。夏によくハーフパンツで街に出かけるのは、足を失ったことを気にしている人たちに「隠すことなんてないよ」というメッセージを伝えたいからだ。それに、街行く人々がもっと義足を目にする機会があれば、そのうち見慣れてきて衝撃や物珍しさはなくなる。一度見たことがあれば、二度目にはなんとも思わなくなるだろう。

彼の義足のアピールは徹底している。ハワイで行われた自身の結婚式でも、タキシードのズボンをわざわざ半分に切って持って行き、ハーフパンツ姿で教会に現れたのだった。

そんなわけでカンボジアの差別のことなどつゆ知らず、ただ暑いからと短パンで街をうろうろしていた山本は、この国の義足に対する認識の実情を聞いてやっと、なぜ日本にいるとき以上に通行人たちの視線を感じるのかということが理解できたのだった。

競技のときに競技用義足を見せて走る分には問題ないというが、カンボジアでは日常生活に戻った瞬間、義足のアスリートたちに差別の眼差しが向けられるという。かっこいいパラアスリート像を作り上げることで、一般社会における障がい者に対する認識を変えられると信じてきた山本にとって、日常の義足と競技の義足を別のレベルで捉えるカンボジアの現状を目の当たりにしたことは衝撃だった。

「カンボジアのスーパースターを作り上げるとかしないとね」

子供たちが憧れるような義足のスーパーパラアスリートの存在は、カンボジアにこそ必要なのかもしれなかった。

日本で山本が差別されたと感じたことはない。でも、耐えられないのは、障がい者＝可哀想な人という見られ方だ。特に、それは年齢が上の世代の人たちに顕著だという。山本は全国各地を回って講演活動を行っている。その多くは小学校だ。古い考えに固執してしまっている大人を変える努力をするよりも、柔軟な子供たちに伝え、未来を変えていこうというのである。

「足がないのを怖いと思うのは、直感的に足がないお化けを怖いっていうのと同じだから仕方ないのかもしれないね」

日常用の義足を外して競技用義足を履こうとする山本のまわりを、ぐるりと取り囲んで興味深く見つめる子供たちの目に恐怖の色はない。その瞳には憐憫もない。何かワクワクするようなことを始めようとするこの男性に、好奇の眼差しを向けているだけだ。

山本自身も事故に遭うまで義足のことは何も知らなかった。痛いのではないかと思った。そして様々なことができなくなるのだと思った。しかし、現実は違った。痛くもなければ、できないこともほとんどなかった。そういう山本に子供たちが無邪気に尋ねる。

「山本選手ができないことってなんですか?」

少し困って唸《うな》りながら山本が口を開く。

「うーん、あんまりないかな」

強いて言うなら、クラッチのついた車やオートバイには乗れない。義足を濡らしてはいけないので、複数の浴場があるスーパー銭湯のようなところでは多少苦労する。あとは平泳ぎが苦手。でも、それくらいだ。

今まで自分がやりたいと思ったスポーツは全部やってきた。鉄棒も跳び箱も、サッカーもバスケも、ハンドボール、ドッジボールも、もちろんバレーボールも。登り棒もバック転もできる。

「大好きなスポーツをしていない自分だったら生きる気力もなかったかもしれない。でも、スポーツをしようと思って、できたことで前向きになれてすべてが変わった。子供の頃からなんでもすぐにできたから、何かに思いっきり向き合ったことなんてなかった。俺は義足になって考える機会を得たんだと思う。それで出した答えが自分の好きなことに思いっきりチャレンジするってことだった」

山本は好きなこと、楽しいことには妥協を許さない。大事な大会を控えていてもそれは変わらない。リオパラリンピックの前にもバスケットボールの試合に出て足首を痛めた。

「立場もあるし怪我したらどうするのかって言われるけど、なったら仕方ないよ。自分の楽しいことをやって怪我をするならそれでいい」

楽しいことが山本の原動力になっている。足がなくなってもただ好きなことを追い求めてきたからこそ、誰かが定めた限界にぶち当たるなんてことはなかった。むしろ今は、足がないことを楽しんでいる。

「不便になったかって聞かれるけど、足があったときのことなんてもうあんまり覚えてないから比べられない。それより義足でもこんなにやれるんだってことを知ってほしいね」

山本は講演会に行くとき、必ず藍色の巾着を持っていく。その中に入っているのは彼が北京パラリンピックで手に入れたメダルだ。行った先々で出会った子供たちや先生たちに見せたり、触ってもらったり、ときには首にかけてもらったりする。講演に行くときはいつも持参しているこのメダルには8年間で何万人という人々が触れた。それだけの人の手に触れられたメダルは今やその輝きを失ってくすんで見える。首から提げるためのリボンも糸がほつれ、所々に汚れも目立つ。

他のメダルも、自宅にあるものは無造作にプラスチック製のケースに放り込まれている。残りはダンボール箱に詰められて実家の車庫に入れられているそうだ。長年切望し、苦労してやっと手にしたメダルでも、手垢がつかないようにガラスケースに入れてしまっておくなどというアイディアは毛頭ない。

「メダルは過去のものだから執着はない。俺がやりたいことは、競技中に勝つことと、表彰台に上ること。モノとしてのメダルが欲しくてやっているわけじゃない。メダルはもう達成して手に入ってしまったものだから特に思い入れはないよ。それより応援してくれた人、お世話になった人に見てもらいたい。たくさんの人にかけたり触ってもらったりして喜んでもらいたい」

子供たちがパラリンピックメダルに触れるとき、足を切断した一人の若者が戦ってきた世界の舞台を間近に感じることができる。カーボンの義足を履いた山本が校庭に出て走ってみせると、子供たちは目を輝かせて口々にこう言う。

「山本選手、カッコいい！」

第13章 2016年リオパラリンピック

2016年、リオ大会を控えたパラリンピックイヤーは、山本に追い風が吹く形で始まったかのように見えた。5月1日に鳥取県で行われた日本パラ陸上選手権で、山本はこれまでデンマークのダニエル・ワグナー・ヨーゲンセンが保持していた世界新記録を3センチ更新する6メートル56を跳んだのだ。これは紛れもなく義肢装具士である山本の技術的戦略が功を奏したことの証だった。

3R80という膝継手に、チータ・エクストリームというブレードを取り付けるアダプターを150グラム軽くしたこと、それが勝因だ。たった150グラムの差と思うかもしれない。だが、山本にとってこの軽量化がもたらした差異は大きかった。軽くなったことによって、改良を加えた義足をようやく自分の足のように使いこなせていると感じたのである。

ところが、1ヶ月もしないうちに再びワグナーにランキングトップの座を奪われることになった。6メートル67の記録で、山本を上回ったのだ。さらに翌月、ワグナーは6メートル70へと記録を伸ばしてきた。

この跳躍の伸びもまた彼の技術的戦略によるところが大きい。これまで使っていたオズール社の膝継手から、オットーボック社の3S80に変えていたのだ。この膝は山本も使っていたもので、ハインリッヒ・ポポフが開発にかかわった製品。山本がその使い心地を評価していたように、膝の部分が曲がりやすくできている一方で、90度くらいまで曲がったところから油圧がかかり曲がりすぎないよう制御される。振り戻したときに適度なタイミングで戻ってくる機構も、スプリント種目を含めたワグナーのパフォーマンス向上に貢献したことは間違いなかった。

2ヶ月の間に3度も世界記録が更新されるという波乱は、ここで収まったわけではなかった。7月、今度はポポフがドイツの国内大会で6メートル72の跳躍をし世界記録を更新したのだ。この記録は国際パラリンピック委員会の公認大会ではなかったため、IPCの記録一覧には載らなかった。それでも彼が世界記録を出したことが、世界中のライバルたちの間に知れわたるのにそれほどの時間は要さなかった。

そんな中、ロンドンでIPC陸上グランプリファイナルが行われた。山本はここでライバルたちと直接対決することでリオに向けた「勝ち癖」を付けておきたいと考えていた。2015年もこの大会でワグナーに1センチの差で勝ったという流れが、その3ヶ月後のIPC世界陸上競技選手権ドーハ大会での金メダルにつながったと思う節があったからだ。ここロンドンでワグナーとポポフを打ち負かしておけば、リオはもらったに等しい。

ところがポポフは、グランプリファイナルに姿を見せなかった。山本は、彼がロンドンに来なかったのは駆け引きに違いないと読んだ。

「ここにポポフが来ていたらなあ……」

パラリンピック前最後となるこの大会。山本は走り幅跳びT42で優勝したが、ポポフを欠いての順位ではリオへの勢いをつけるには事足りなかった。彼は公にならない記録、誰も詳細を知ることのできない大会での記録を使って、ライバルたちに見えないプレッシャーをかけている。山本にはそんなふうに思えた。その後ポポフはまたも自国ドイツの大会で6メートル77を跳んだ。

それでも山本は、今シーズンの自らのコンディションには肯定的だった。

「いい流れは作れている。いい感じで来ている。最も良い状態で走って、跳んで、そして着地できれば、すべてがうまくかみ合えば、6メートル70、80は跳べると思う」

グランプリファイナルを終えてそう断言した山本の目の光には、確かな力があった。

8月、北海道で行われたリオパラリンピック日本代表強化合宿。主な目的はリレーの練習だったが、その中で行われた記録会で山本は6メートル65の跳躍をした。

その記録会には、ソケットと膝継手をつなげるダブルクランプというパーツを普段より5ミリ長くして臨んでいた。大腿部分が長くなり走っているときは少し扱いにくいかもしれないが、踏み切りのときに重心が上がるため、距離を出せる可能性があると考えたのだ。ところがその変更を加えて跳んだ1本目から3本目までに出せた記録は6メートル20程度。これではダメだと思い元に戻したところ、4本目に6メートル41、そして6本目に6メートル65を跳ぶことができた。これでリオへのスペックが決定した。

「これで行こう」

このとき、山本は6月にバスケットボールのプレー中にやってしまった足首の捻挫をまだ引きずっていた。その状態でこれだけの記録を出せたという事実は、コンディションがよければポポフの記録も超えられるという自信を与えてくれた。

9月、ニューヨークでの合宿を経てリオデジャネイロ入りした山本は、気心の知れたリレーメンバーたちと4年に一度のスポーツの祭典を楽しみながら、順調に調整を進めていた。山本にとっては3度目のパラリンピック。初出場の後輩たちからもアドバイスを求められるような立場になっていた。初めて出場した北京大会のときに圧倒された選手村という環境も、今は余裕を持って楽しめる。時間が空くと他の陸上選手たちと一緒に散策に出かけた。

「リオ2016」という、文字をかたどったオブジェの前で写真を撮ろうということになった。たまたまそこに居合わせた外国人の青年カメラマンに携帯電話を渡して写真を撮ってもらうと、その青年は自分のカメラでも撮影していいかと山本に尋ねた。

「もちろん！」と返事すると、カメラマンは数枚の写真を撮影し、山本たちの名前を確認して去っていった。

翌日、日本選手団の通訳の人に声をかけられた。

「BBCスポーツのサイトに載っていましたよ！」

昨日写真を撮ってくれたのはBBCのカメラマンだったようだ。急いでその記事を検索してみると、オブジェの前で撮った写真が確かにBBCのウェブサイトに載っていた。ただ、写真の下の表記を見ると、自分の名前は書かれておらず『日本人選手たち』とひとくくりにされていた。

「もっと有名にならないとな……」

選手村には様々なものがあった。ビデオゲームや卓球台、ビリヤード台の他に、スポンサーのドリンク会社がオリジナルのボトルをくれるブースもある。選手村の中に設けられたブラジルの銀行では、現地のコインを持っていくと記念硬貨にしてくれるサービスをやっていた。日本で応援してくれている人たちへのお土産にしようとカウンターで50枚お願いする。ところが、1日に5枚しかやってもらえないことが判明した。日本で応援してくれている人はもっとたくさんいる。仕方なく暇があるたびに銀行に通い詰め、滞在期間中になんとか必要な枚数を確保したのだった。

リオでのトレーニングは3日に1回程度の休息日を挟みながら、午前中2時間の練習を大会側が用意した屋外練習場で行った。試合に向けて自分の体調を見ながら、休みのタイミングや練習量なども調整した。足首の捻挫はまだ完全に癒えていなかったが、チームに帯同している理学療法士のトレーナーに骨を正しい位置に調整してもらい、テーピングをして練習していると5日ほどして痛みがなくなった。

開会式前日、陸上の会場であるオリンピックアスレチックスタジアムでスタート練習が行われた。本番で走るトラックの感触を確かめるいいチャンスである。プレイベントで一度このスタジアムを訪れたことがあったが、山本はここのトラックが気に入っていた。

「やっぱりこのトラックは走りやすい。スターティングブロックも使いやすい」

用意されていたのは、ロンドンと同じスターティングブロック。日本にはないオメガ製オリンピック基準のものだ。

大会の幕が切って落とされるとスタジアムにはカリオカと呼ばれるリオっ子たちが大勢詰め掛けた。女子の走り幅跳びT44が行われている会場に山本の姿があった。試合の成り行きを見守りながら、1週間後に行われる自分の種目のことをイメージしてみる。ここで金メダルの大ジャンプをするのだと思い描いてみる。

山本がそんな想像をしている間、同じ場所で同じことを思い描いている人物がいた。ポポフである。客席の一番上の通路の手摺りにもたれて試合を見つめていた彼は、山本の姿を見つけると「金メダルは俺のものだ」と言った。

「おそらく6メートル85を跳んだ奴が優勝することになるな」

ハイレベルな戦いが予想された。

山本の最初の出場種目はリレーだった。日本の男子リレーチームの世界ランキングは4位。つまり、番狂わせが起こらない限りメダルは期待できない。2012年のロンドンパラリンピックでも4位、2013年の世界選手権でも4位、2015年の世界選手権でも4位。「4位」のオンパレードという山本の中では悪名高い種目である。

芦田創《はじむ》、佐藤圭太、多川知希《ともき》、山本篤の4人からなる今大会のリレーチームの作戦は「どこかのチームが失格になるのを待つ」。世界レベルのアスリートが4人集まって運任せとはなんとも無責任なものだが、実際のところメダル獲得のための作戦はそれ以外にはなかった。もちろん、日本記録の更新は狙っていた。

そもそも山本はリレーのレギュラーメンバーだったわけではない。前年ドーハで行われた世界選手権では、レギュラーメンバーで走り高跳び選手の鈴木徹が怪我をして出場できなかったため山本が代わりに走った。下腿切断の鈴木のほうが大腿切断の山本より100メートルのタイムは速い。山本も本当であれば鈴木が走るべきだと思っていた。ところが、リオ大会では鈴木のメインの種目、走り高跳びの日程がリレーの日と重なってしまった。そこでまたしてもリレー日本代表チームに山本が召喚されることになったのである。

大会1ヶ月前、これまでの多川、佐藤、芦田、山本という走順から、一走と三走を入れ替えて、芦田、佐藤、多川、山本という新たな走順が組まれた。惑わされやすいバトン渡しを2度こなしコーナーを走り抜ける3走はリレーの鬼門。そこである程度の順位につけ、上位のポジションで最終走者に渡せなければ、よい結果は期待できない。

義足は直線のほうが速いということもあって、足の障がいではなく右腕に障がいのある多川がカーブを走る3走に起用されることになった。リオ直前の合宿でも新たな走順で、バトン渡しの入念な練習が行われた。

やれることはすべてやった。世界ランキング3位であるブラジルの記録との差は約2秒もある。それでも山本は持ち前の楽観思考で、「最終的にこぼれてくるのを待とう」とチームを鼓舞した。

3走の多川から山本へのバトンは、予想していた通り4位で渡ってくることになった。

「あーあ、やっぱり4位か」

そう思いつつも全力疾走し、フィニッシュラインに飛び込む。会場に設置されたスクリーンにタイムが出たのが見えた。44秒16、日本記録更新。やることはやった。これまでの日本記録は山本ではなく鈴木が走ってのタイムだった。鈴木のほうが個人としての走りは速いことを考えると、リレーメンバーとして自分の仕事は果たしたという満足感があった。

しかし、結果はまたしても4位。メダルには手が届かなかった。複雑な気持ちで日本のテレビカメラの待つほうへと歩いていく。カメラの前に揃った4人の選手たちにインタビューを開始しようとしたアナウンサーが突然こう言った。

「ちょっと待ってください、もしかしたら……」

「え?」

何が起きたのかわからない。胸がざわつく。一瞬の間があって、アナウンサーが4人に告げた。

「確定しました、アメリカ失格です!」

4人のランナーから笑みがこぼれる。なんということだろう。奇跡とでも呼ぶべきなのだろうか。ずっと4位にしかなれないと思っていたリレー日本チームが初めてメダルを手にすることになったのである。

どこかのチームが失格するのを待つ。その作戦通りだった。とは言え、本当にそんなことが起こるなんて誰が予想していただろう。他の3人は本気でこの作戦でメダルが獲れると信じていたようだが、山本自身は半信半疑だった。

屈託のない笑みで山本が言う。

「棚ぼたでも嬉しい。棚ぼたで全然いい。棚ぼたしか狙ってなかったから。大成功だよ!」

チームとしてのメダルは個人のものとは大きく意味が違っている。日本という国を背負って、そしてリレーメンバーという仲間たちとの絆を背負って走り、獲得した銅メダルは、今まで獲ったどの個人メダルとも異なる重みを秘めていた。

その2日後、１００メートルの予選があった。足首にはまだ不安があったためリレーのときと同様テーピングして走った。8位でギリギリの予選通過。翌日の決勝ではテーピングを外して走ることにしたがもう痛みはなかった。持ちタイムを見る限り、メダルからはほど遠かったため、自分が楽しければそれでいいと思って臨んだ。12秒84のタイムは予選のタイムから0・03秒上がっていた。順位も8位通過の予選から7位に上がった。

「まあこんなものかな」

残すは、金メダルの期待がかかる走り幅跳びのみとなった。

9月17日。まだ手にしたことのないパラリンピック金メダルをかけた山本の決戦の日がやってきた。大会もあと2日を残すのみとなったこの日までに、日本にはまだ一つも金メダルがなかった。山本が金を取ればもちろん一躍ヒーローとなることは間違いない。金メダル有力と言われていた選手たちがことごとく優勝を逃していく中で、日本チームの中にも、メディアの中にも、もう山本篤しかいないという空気が流れ始めていた。

目立ちたがり屋の山本が、それをプレッシャーに感じるはずもなかった。むしろ自分にスポットライトが当たるいい形でことが運んでいるようにすら感じられた。他の選手たちが金を獲ることにどれだけ苦戦しているのを見ても、自分が世界一になるという信念に曇りはなかった。

「金メダルを獲れる可能性のある選手はもう俺一人しかいない。本当に金メダルを獲ったら、ヤバいことになるぞ！」

試合前日、リレーメンバーの多川が走り幅跳びのスタートリストを先に見つけて声をかけてきた。

「篤さん、出てましたよ！」

山本は8人中6番目の跳躍だ。ライバルのポポフは3番目、ワグナーは4番目。3人の中で自分は一番後だということがわかった。

「最後か」

以前の山本なら、ここで二番の男に成り下がっていたのかもしれない。精神戦の走り幅跳びで、ライバルの跳躍に影響されやすいこの試技順は決して有利ではない。でもロンドンの二の舞をしないだけの準備はできていた。スタートリストにある順番を見ても、特にネガティブな考えは浮かばなかった。

選手村を7時に出発するバスに乗り、8時前には競技場に到着した。サブトラックに向かって歩いていくと、NHKのカメラが待ち構えているのに気付いた。

第13章
2016年リオパラリンピック

「俺って、やっぱり注目されてる」

メインの競技場はともかく、パラリンピックのサブトラックにまでテレビカメラが入っていることは珍しい。試合前のテレビクルーの存在はショーマン山本の自尊心を少しばかりくすぐった。

サブトラックの脇に設置された日本チームのテントに寄ってスタッフと少し会話をしてからウォームアップを開始する。快晴の空の下、朝から強い日差しだ。日光を肌に感じるといつもより少し調子がいいような気がする。

「今日は暑くなりそうだ」

リオの太陽が自分の味方をしてくれている。そう思いながら普段の通り40分のウォームアップを順調にこなした。

山本はいつもコールタイムの2分前にはコールルームに到着するようにしている。この日も一番乗りでコールルームの前にやってきた。部屋が開けられると同時に中に入り、着替えをして準備に入る。ゼッケンをつけ、義足に砂が入らないようにするためのピンク色のカバーをつけた。そうしている間に他の選手たちが続々と部屋に入ってきた。向かい側の椅子に座ったポポフと目が合う。

「今日はお前、どれくらい跳ぶつもりだ？」

ポポフが山本に尋ねる。

「6メートル70か80は跳ぶつもりだ」

「7メートルじゃないのか？　お前、ずっと7メートルって言ってきたじゃないか」

少し挑発的な笑みとともにポポフが続ける。

「7メートルは無理だ。でも、世界記録は跳びたいと思ってる」

「俺もそれくらいは跳ぶつもりだ」

ポポフと山本のやりとりが試合前に飛び交うことは、他の大会でもよくあることだ。ワグナーの耳にももちろん二人の会話は届いていたのだろうが、彼は会話に加わろうとはせず黙々と準備を続けていた。試合前のこの時間、ワグナーはいつも決まって口を開こうとしない。彼は何を考えているのかよくわからない。これも作戦のうちなのだろうか。

準備が整い試技順に並べられた選手たちは、オフィシャルの先導のもと、決戦の会場へと向かって歩みを進めた。競技場の外周を歩き、幅跳びが行われる場所へと8人の選手が到着する。

客席の最前列では父親を中心に、母、兄弟、そして妻の5人の応援団がハッピとうちわで熱烈な声援を送っていた。白熱する観客も、大勢のマスコミも、数々の大舞台を経験し試合に集中しきっている山本を飲み込むことはもうなかった。山本は後で明かしていた。

「俺、奥さんに怒られたんだよね。家族が応援に来てくれてやる気出るでしょって言うからさ、俺はそんな次元で陸上やってないって言っちゃったの」

第13章
2016年リオパラリンピック

そのとき山本が感じていたのは、南米の照りつける日射しだった。気温は26度とそれほど高くはなかったが、4年に一度の大舞台へと降り注ぐ初春のリオの強い陽光は彼のエネルギーを満たすに十分だった。山本は今までも暑い試合で勝ってきた。2013年のリヨンも、2015年のドーハも暑かった。国内の大会でも日本記録を出す日は決まって暑い日だった。

列の6番目を行く山本のすぐ前を歩いていた選手たちが、トラックに面する方のベンチに荷物を置いたため、それとは反対の観客席側を向いた席に陣取った。

「ちょうどいい」

この方向だと順番を待っている間に、順位や記録が表示される電光掲示板が目に入らないからである。

練習跳躍が始まった。山本には確かに好調だという感覚があった。体の状態がよく、しっかりと走れている。これなら跳べるという確信があった。いつものようにスタート地点に立ち、練習1本目の助走を開始した。走ってみて気付いたのは調子が良すぎて自然と歩幅が大きくなっていることだ。いつも44・5メートルの助走距離が普段と比べて40センチほど伸びている。

練習跳躍2本目で1歩半スタート位置を後ろに下げた。同じところからもう2本跳んでみると、足が合ってきたようだったのでこれで行こうと助走のスタート位置を確定した。

試合が始まった。山本はトリガーポイントと呼ばれる筒状の道具を使って背中をマッサージしながら自分の順番を待った。ポポフとワグナーがどのような跳躍をしていたのかは全く知らない。

自分の順が回ってきた。1本目の跳躍。踏み切り板の7歩手前でファールしそうだとわかった。歩幅を狭めて刻み合わせることも可能だったが、リズムを崩して次の跳躍に影響することを懸念した山本は、ファールを承知でそのまま跳んだ。赤旗が上がっていたが、跳んだ距離を見る限り調子はまずまずである。

どれくらいの位置で踏み切ったのかを確認するため、踏み切り板に残った足形を見に行った。10センチほどのオーバー。それほど大きなファールではない。コーチからは最後の1歩が間延びしていると言われた。足を引き戻す感じを強くしてまとめれば、今の助走距離でぴったり合うはずだ。

だが、続く2本目もファールだった。それでもしっかり走れているという感覚はあった。1センチもないほどの小さなファール。1本目と比べれば良くなってきている。踏み切り板に足を合わせる微調整をすれば問題ないと焦りは感じなかった。

3本目はスタート位置を10センチ下げて臨むことにした。まだ記録はない。通常、安全策を講じる場合は20センチ下げる。ただ、攻めたい気持ちが10センチを譲らせなかった。助走のときに踏み切り板から遠いと感じると無意識のうちの足を合わせに行ってしまい、最後の一歩が大きくなる。そうするといい状態で持ってきているはずのリズムが崩れてしまう。それを避けるために10センチだけ下げるという作戦に出た。

跳躍を終えて振り返ると白旗が上がっていた。踏み切り足である義足が板に少し乗るだけになった。6メートル47のジャンプだったが、この時点で本人はまだ記録も順位も見ていなかった。感覚的には6メートル30くらいだろうと思っていた。

コーチから「上体がかぶっている」という指摘があった。調子がいいという確信のあった山本には、その意味がすぐには飲み込めなかった。修正の必要性はないはず。自分の感覚を信じてこのまま跳んでいけば必ずいい結果が出る。そう信じて疑わなかった。

全員が3本の跳躍を終えたところで、順位に応じて跳躍の順番が入れ替えられる。大会の審判から新たな試技順が告げられた。その順番から自分が現在3位だということがわかった。

4本目は思いっきり跳んでいけばいい。観客に手拍子を求めて自分を鼓舞する。観客がそれに応える。自分のペースを取り戻した山本は勢いを味方に思い切って飛び出していった。走り始めるとすぐに観客の手拍子が聞こえなくなった。

踏み切り板の10メートルくらい手前でトップスピードに乗ったとき、ここまでの試技で一番のスピードだという感触があった。完璧な踏み切りだったわけではない。しかし、それは安定した良いジャンプだった。

踏み切り足にぐんと力を加えると義足がたわみ、その反動からブレードが伸びる。それと同時に足と腕を使って体を持ち上げ、勢いに乗って宙へと舞った。一瞬ふわりと浮いて、それから空気を蹴って進むように足を1回転させる。少しでも距離を稼ぐために義足側が上に来るよう体を斜めにして着地した。

「よし、これはいった！」

砂場に降りた瞬間、思わずガッツポーズが出る。ここまでまだ一度も見ていなかった電光掲示板に目を向ける。6メートル62。自己ベストタイだ。だが、山本の注意を引いたのはその上に書かれた順位の数字のほうだった。まさかの2位。

「1位の記録は一体いくつなのだろう？」

そう思っていたとき、スタジアムの脇に掲げられた大型スクリーンに映し出されたランキング一覧が目に飛び込んできた。1位はポポフ。彼は6メートル70を跳んでいた。

「8センチなら超えられるでしょ」

一人そう呟いた。

5本目もコーチの言うことは聞かずナチュラルな自分のままで跳ぶことを選んだ。助走で出せる限りのスピードに乗り、その勢いのまま突っ込んで踏み切ればいけるはず。フォームは全く意識せず、自分が正しいと信じる感覚に任せて跳んだ。しかし、大ジャンプは生まれない。

山本はふと思った。

「北京のデジャブか？」

8年前のパラリンピック、ヴォイテク・シスが1本目のジャンプで6メートル50の世界新記録のジャンプをした。そのとき自分は、2本目を終えて記録がなかった。ここリオではポポフが1本目から6メートル70のジャンプで我こそ王者に相応しいと主張している。そして自分は記録のないまま3本目を迎えた。その3本目を焦らず跳んだ上で、続く4本目に記録を更新できたことは成長だ。それでも、ここでポポフを超えられなければ結局はまた同じ、2番の男のままだ。

上体が前に出すぎているというコーチの指摘が正しかったことに山本が気付いたのは、大会が終わって自分の跳躍の映像を見たときである。1、2本目のファールも影響して、フォームの修正を試せるような遊びの猶予はなかった。

最後の跳躍を前に山本が見つめていたのは、ポポフとの間に置かれたたった8センチの差だった。あと8センチ跳べばポポフを超えられる。このパラリンピックという大舞台で世界の頂点に立てる。もっと跳びたい、もっと前へというその思いが山本の上体を無意識のうちに前のめりにさせていた。

1回目の跳躍で6メートル70のパラリンピック新記録を出したポポフが金メダルに輝いた。山本は4回目の跳躍の6メートル62、自己ベストタイの記録でポポフに続いた。

大勢の報道陣からの「銀メダル、おめでとうございます」という言葉が胸に痛かった。祝福されるような理由は何一つなかったからだ。

「金を獲るためだけにやってきましたので、悔しさしかないですね」

ショーマンである山本が思い描いていたサクセスストーリーは見事に崩れ去った。

12日間にわたる大会で、いまだ金メダルのない日本チームにとって、山本は最後の砦だった。そのことは彼自身が一番よくわかっていた。日本選手団唯一の金メダルを獲得してヒーローになる。そんな成功譚《たん》を夢見ていたわけだが、現実は山本の空想からはかけ離れた厳しいものに終わった。

苦笑いとともにため息を漏らす。

「あーあ、あーあ……」

スタジアムの薄暗い廊下を歩く山本は言葉少なくひどく疲れて見えた。記念写真をせがまれて応じるその表情にも、練習したはずの笑顔は歪んでいた。

本人の評価はともかく、彼は日本記録タイの跳躍を4年に一度の大舞台で披露し、銀メダルを獲得したわけだ。数々の国際大会を経験しているベテラン選手でも、大きな期待を背負って最高のパフォーマンスをすることは容易ではない。多くのメディアの報道も山本の健闘をポジティブに讃える語調のものが多かった。だが山本は、メディアの捏造した麗筆を真っ向から撥《は》ねつけにかかる。

「自己ベストを跳んだことで美談みたいに書かれているけどね、あれは本当に大失敗だった」

山本が4年間追い続けてきたのは、金メダルだけだ。このパラリンピックの舞台で世界一になることだけを夢見てきた。勝負の世界を生きてきた彼にとっては結果がすべてである。

「金メダルが獲れたなら、跳んだ距離がいくつだったとしてもそれは金なわけで、その勝負において勝利したということになる」

ポポフがそう言っていた。

「記録が良かろうが悪かろうが、金メダルを獲りにいく。そういう勝負をしていきたい」

山本自身もそう言って臨んでいた。だから、この勝負は惨敗だ。

「パラリンピックで金メダルを獲るまでは辞められない」

4年後の決戦の舞台は東京である。

第14章 トウキョウへ向けて動き出す

2016年10月、東京でリオオリンピックとパラリンピックのメダリストを讃えるパレードが催された。

「山本選手、おめでとう！」

沿道に集まった観衆の中から自分の名を呼ぶ声が聞こえた。自分の名前の書かれたパネルを掲げている人々もいる。

山本はどこかで「この人だかりはオリンピック選手目当てに集まったに決まっている」と思っていた。リオ大会は初めてテレビ中継されたパラリンピックだったとは言え、パラリンピック選手一人ひとりの名前まで一般の人たちが知っているわけはないと考えていた。だが、実際に自分のことを応援し、祝福してくれる観衆を目の前にして、日本におけるパラリンピックが少しずつ変わりつつあることに気付いた。オリンピック選手と同じように、国際舞台で成功を収めた一人のアスリートとして扱われることは、山本がずっと夢見てきたことであり、何よりも嬉しいことだった。

リオから戻ると、2週間で5本のテレビ出演の依頼があった。リオパラリンピックが終わると次は2020年東京。そんな風潮も相まってパラスポーツへの関心が様々なところで高まりつつあることが手に取るように感じられた。

そして何よりも山本を興奮させたのは、渋谷の路上に設置された仮設の走路と砂場でジャンプを見せる機会に恵まれたことである。山本は以前から公道を封鎖し路上で行う「ストリート陸上」というものに多大な関心を寄せていた。パラ陸上をより広く知って楽しんでもらうためには、非常に効果的なフォーマットだと考えていたのである。

2009年、イギリスのマンチェスターに試合に行ったとき、たまたま通りかかった大通りに陸上用のタータンサーフェスが敷かれているのを目撃した。バリアなどが撤収され始めていて、何か大きなイベントがちょうど終わったところのようだった。

何をやっていたのだろうと気になってインターネットで検索してみたところ、ストリートに仮設されたそのトラックでウサイン・ボルトが走っていたことが判明した。そこで彼は150メートルを14・35で走ったと書かれている。それは当時直線の150メートルでは世界で最も速い記録だった。ニュース記事をインターネットでさらに調べていくと、トップアスリートのレースを観戦できるこの無料のイベントには、2万人の観客が訪れていたことがわかった。YouTubeで動画を確認してみたが、トラックのすぐ脇に作られた観戦エリアには、相当な人だかりができている。山本はこのイベントの集客力、そして観客と選手の距離の近さに魅了された。

グレートシティゲームズと呼ばれるこのイベントは、一般参加型のマラソンとともに年に一度イギリスの2つの地方都市でそれぞれ開催されている。

普段は買い物客で賑わう繁華街の大通りに、国際陸上競技連盟公認の4レーンのスプリント用トラックを敷き、仮設の競技スペースを作って行われる。そのため普段陸上を見に競技場へと足を運ばないような人々も本格的な陸上を間近で楽しむことができる画期的なイベントである。近年は短距離走のレースだけではなく、走り幅跳びやハードル、棒高跳びなどの世界トップ選手たちが招待されていて、BBCでのテレビ放送もある。山本が仮設競技場の残骸を目撃した2009年が初開催だったが、2013年からはパラ陸上のスプリントレースや走り幅跳びも加わり、義足の選手も同じトラックを走るようになった。

健常者と障がい者が一つのプログラムの中でパフォーマンスを競い合うこの華やかなストリート陸上に魅せられた山本は、毎年インターネットでこのイベントをチェックするようになった。同時に自分はいつ招待されるのかと心待ちにしてきた。しかし、待てど暮らせど招待状は届かない。痺れを切らした山本は、2020年の東京オリンピック・パラリンピック開催決定の盛り上がりに乗っかって、招待されないなら自分でストリート陸上を企画してみようとさえ思うようになった。

日本にこのようなストリート陸上イベントがないというわけではない。元陸上選手の為末大《ためすえだい》が２００７年にテレビ番組「クイズミリオネア」で獲得した1千万円の賞金を使って、東京丸の内で「東京ストリート陸上」というイベントを開催したことがある。

オリンピック選手が50メートル走のデモンストレーションをしている様子をテレビで見た山本は、「こういうふうにしたら陸上も観客を集めることができるんだ！」と感銘を受けたのだった。それからストリートでやる陸上というフォーマットがずっと気になっていた。何かの巡り合わせだったのだろう。ひょんなきっかけで数年後に知ることになったのがグレートシティゲームズだったのである。

現在でも為末が自らの地元である広島で、1万人を集めるストリート陸上イベントを行っているが、グレートシティゲームズが異なるのはそれが実演ではなく、試合という形で行われている点だ。山本はショーではなく、記録を競い合う試合という形式にこだわっていた。パラ陸上というスポーツを宣伝することも大切だが、観客に本当の意味での陸上の面白さを理解してもらうためには、競い合うという要素が不可欠だと考えたのである。

実現の当てはなかったが、どうやったら実現できるだろうかと思い巡らせ、やるとしたらどんなストリート陸上にするのかと一人空想を膨らませた。まず、グレートシティゲームズでどんな種目がプログラムに組み込まれているのかを調べてみた。そこで気付いたのはパラ陸上を広めるためのイベントにするにしても、オリンピック選手と一緒にやったほうがいいということである。現在の日本で、パラアスリートだけを呼んで開催したのでは十分な集客ができない。スピードと迫力のある世界トップレベルの陸上を売りにして、大勢の観客に見てもらうのでなければ意味がない。競技場に足を運んでまで陸上を観戦したいと思ったことのない人たちに、本物を見てもらうからこそストリートでやる意義がある。

欧州にはゴールデンフライシリーズというまた別のストリート陸上のイベントがある。オーストリアやドイツなど中央ヨーロッパの都市を中心に2013年から開催されている大会だ。このイベントが面白いのは、男子と女子それぞれの走り幅跳びと棒高跳びという4つの種目のみでプログラムが構成されているが、男子走り幅跳びに義足のマルクス・レームが出場していることである。街中に移動式レーンがステージのように少し高さを出して組まれ、義足のアスリートが健常者のライバル相手に8メートル級のジャンプで挑む。それを一般客が至近距離から観戦できるというのはなんとも迫力があってユニークなフォーマットである。

山本は海外の大会を多く経験することでパラ陸上に関する見聞を広めてきた。様々なフォーマットの大会を見るごとに、パラスポーツの促進のためにはどのようなイベントを行うのが最も効果的か考えを巡らせてきた。実際に自分が参加したことのない大会でも、日頃からインターネットで調べるなど情報網を張り巡らせている。

ときを重ねるごとに、どんな大会を開けばいいのか明確なビジョンができ上がってきた。そして30代も半ばに差し掛かった今、２０２０年に向けて一選手として出場するだけではなく、東京パラリンピックの成功のために何か貢献したいという強い思いに駆られている。

山本は日本でもしやることができるなら、どの種目を見せるのが最も適しているかと勝手に妄想してみた。まずはオリンピック選手の１５０メートル走。例えば桐生《きりゅう》祥秀《よしひで》とサニブラウン・アブデル・ハキームの対決を仕掛けてみる。パラ陸上ではもちろん自分のいるT42の１００メートルや走り幅跳びで海外のトップ選手も招待したい。それから男子T44の走り高跳び、女子T44の１００メートルと走り幅跳び。華やかな見世物として健常者の棒高跳び。

そして、障がい者と健常者が一緒にやる種目も入れたい。健常者の走り幅跳びの中で、マルクス・レームやT44世界2位のロナルド・ヘルトフらに挑んでもらえばいい。そしてすべての種目において記録を競い合い順位をつける。これが山本の理想として思い描くストリート陸上のプログラムである。

そんなことを考えていた矢先、突如東京渋谷でストリート陸上をやるという話が持ち上がった。「東京２０２０　12時間スペシャル」というリオパラリンピック終了後に放送されるNHKの番組の中で、渋谷の街に数カ所の特設の競技場を設け、一流のアスリートがその身体能力を披露するというコーナーが企画されたのだ。生放送で実演する種目として、トランポリン、車椅子レース、車椅子ラグビーとともに義足の走り幅跳びが選ばれた。

リオ前の5月、山本は打ち合わせのために東京に呼ばれた。どうやって渋谷でストリート走り幅跳びを実現させるか。企画の担当者は制作会社のスタッフで、もちろん陸上の専門家ではない。出てくる意見はどれも中途半端なものばかりで、山本の想像していたかっこいいストリート陸上からは程遠かった。

「砂場を作るのは難しいので、走り高跳びのマットに跳んでもらってもいいですか？」

「え？そんなの無理です。危なくて跳べませんよ。しっかりピットを作ってもらえないなら跳ぶのは無理です」

山本は言い切った。担当者も困ってしまった。

「ゼロか100かにしたくないんです」

だが、陸上ということになると山本が譲るはずはない。

「ゼロか100かなんですよ。100じゃなかったら、俺は跳びません」

山本は50メートルの走路、踏み切り板、そして砂場を用意してもらうことを最低条件として要求した。走路と砂場を作ると言っても、渋谷のど真ん中の道路を封鎖できるのは正午から午後5時までの間だけ。限られた時間の中でどう実現するのか。たった5時間の間に仮の競技スペースを作り上げ、跳ぶところを放送し、そして片付けまで終わらせなければならない。これは無理難題のように思われた。

「トレーラーを使うのはどうだろう？」

第14章
トウキョウへ向けて動き出す

制作会社のスタッフの一人が言った。移動できる大きなトレーラーの上に競技スペースを作り、そのトレーラーを乗り入れて準備する。そして終わったらそのまま運転して出てしまおうという案である。

「それしか方法はないと思うんですよね。それでも跳べますか？」

「しっかり走れるような準備をしてもらえるなら跳びます」

移動可能なトレーラーの上に走路と砂場を作れば5時間という制限時間があっても時間内に搬入、そして撤収することができる。使用する複数のトレーラーをしっかりと連結させることができれば実現可能だということで話がまとまった。

それから数ヶ月経って、山本のところに連絡が入った。

「トレーラー、ありましたよ！」

この間の苦労は制作会社のスタッフのみぞ知るところだろうが、とにかく日本全国を探してもたった9台しかないという1台の長さが十数メートルにも及ぶ巨大トレーラーを手配することができたという。山本も制作会社のスタッフとともに、神奈川県にあるそのトレーラーの下見に行くことになった。

巨大なトレーラーを目の前に、大都会のど真ん中のストリートを走り抜ける自分の姿を想像してみる。

「これならできると思います！」

この巨大トレーラー5台を連結し、その上に10センチほどの木製の板を敷く。さらにその上に陸上用のタータンサーフェスを敷いて移動式走り幅跳び場が完成した。

リオパラリンピックの興奮が秋めいた空気の中にようやく落ち着きかけた体育の日。渋谷の高層ビルの谷間に作られた走路のスタート地点に立った山本は、頭上に腕を大きく振り上げて渋谷の大観衆に手拍子を求めていた。

走路の両脇にひしめき合う人々は、彼のジャンプの瞬間をビデオに収めようと携帯電話を構えている。山本は軽くジャンプし、腕を上下に振って走り出すための準備を整えた。自分に向けられる群衆の釘付けの瞳は、ショーマンの自尊心をくすぐった。

自信に満ちたステップで、トップスピードに乗る山本。試合のときには決して入ってこないはずの観衆の声が、なぜかこの日は彼の耳にはっきりと届いていた。

「めちゃ速い！」

「山本篤やべー！」

「かっこいい！」

おそらく陸上を競技場で見たこともないであろう若者たちが漏らす嘆賞の言葉の中を、彼は走り抜けた。思いっきり踏み切って、渋谷の空を舞う。どよめきが起こった。

彼のジャンプを初めて生で見る観衆の反応は、素直な驚きと感嘆に満ちていた。大胆に砂を跳ね上げて着地した山本に、街の人々は大きな拍手を送る。ジャンプを終えた山本はサングラスを外すと、試合のときとは打って変わって少し照れ笑いしながら観衆にお辞儀した。

記録は6メートル49。試合のようなコンディション調整も緊張感や集中力もない中で跳んだにしては、なかなかの記録だ。それはもちろん、渋谷の若い大観衆からもらったエネルギーがなした業に違いない。

実はこの日、現場入りした山本は足首の痛みを訴えていた。当初の計画では2本の跳躍が予定されていたが、現場のスタッフには1本しか跳べないと告げた。ところがスタート地点に立ってトレーラーの上から群衆を見下ろし、気合を入れて興奮を抑えきれずに走り出すと、いつの間にか痛みは消えていた。

また、アドレナリンが山本の脳を支配していた。1本のジャンプを終えた山本は「こんなにお客さんがいるのに1回で終わるのはもったいない」と思った。もう一度跳びたい。痛いはずの足首も今はなんともない。これなら全力でいけると思った山本はスタッフに声をかけた。

「もう一本行きます！」

早く跳びたいという気持ちが先走って、制作会社のスタッフがキューを出す前に走り出してしまった。自分のパフォーマンスをこれほどの人に見てもらえたことは今まで日本では一度もなかった。観客たちの反応を直接肌に感じながら、パラスポーツが変わりつつあることに心が震えた。

「あの瞬間、本当に俺の目指していた感じになった。『可哀想な障がい者、頑張れ』じゃなくて、心底カッコイイって思ってもらえた気がした」

渋谷で山本のジャンプを目撃し、興味を持つようになった観衆の何人かが、2017年の日本パラ陸上競技選手権大会に行こうと思うかもしれない。ただ、そこには嬉しい思いと同時に懸念もある。山本が指摘するのは現在の国内大会のレベルの低さだ。

「彼らが日本のパラ競技会を見に来たらきっと幻滅する。現状では選手のほうが、健常者の大会ほど洗練されていない。まだ『一生懸命やっている可哀想な人、頑張れ』で終わってしまう。それじゃダメだ」

ヨーロッパやアメリカから一流選手を呼んで、スピードや迫力といった点でスポーツとして純粋に面白い、国際レベルのパフォーマンスをもっと見せたいと山本は意気込む。

ストリート陸上はパラスポーツを知らない人にも見てもらえる良い機会。それが公認大会となって世界中からトップアスリートを呼べれば、パラスポーツはもっと面白いものになって人気も高まるはずだ。

障がいを乗り越えたからすごいというところにとどまっていてはいけない。純粋にパフォーマンスが素晴らしいから見る者を惹きつける、そういうものでなければならない。その点は他のスポーツとなんら変わりはない。それが山本の考えるパラスポーツのあり方。彼は2020年に向けて自らそういう機会を作り出していくことに意欲的だ。

渋谷でのイベントを終えて山本は、今大きな一歩が踏み出されたところだと感じている。イベントを運営していた人たちに、「次はショーではなく、試合として成立するものを作りたい」と強く働きかけている。

記録が公式なものとして認められるようにするためには、走路のサーフェスを公認のものにしなければならないし、高低差が1000分の1の場所を確保することも必要になる。踏み切り時にファールを判定するための粘土を入れたり、電子風力計を導入したり、そして公認の審判も必要になる。海外の有名選手たちが来てくれるような大会にできるのか、そしてその費用をまかなえるだけのお金が集まるのか。課題はまだ山積みだが、これまでの山本の人生において、大好きなこと、これと信じたことが不可能だったことはあるだろうか。

「2020年東京パラリンピックは、絶対に満員にしたい。国立競技場が全日満員だったら成功だね」

ロンドンでは実現したわけだから日本でも不可能ではないはずだ。でも、山本が今まで出てきたヨーロッパの大会では、小さなものでも日本の大会より多くの観客が入っていた。それを考えると、日本で観客を集めるためには何か大胆な仕掛けが必要だろう。

今、山本は各地の学校を回って講演活動をしながら地道に山本篤ファンを増やそうとしている。

「山本篤ファンが増えれば、少しでも見に来たいと思う人が増えるんじゃないかな」

可哀想な人を応援しなくてはという偽善的な義務感ではなく、世界レベルのパラスポーツに興奮し感動し、そして心底かっこいいと思って見てもらえる、そんなパラリンピックにしたいと山本は考える。

2017年1月。山本は新たな野望を公にしてマスコミを驚かせた。

「スノボでパラリンピックを目指す」

山本が足を失ったときに、ただ一つ彼を掻き立てたものがスノーボードだった。今、その競技で2018年に韓国で行われるピョンチャンパラリンピックを目指すことを明らかにした。原点への回帰とも言える新たな挑戦だ。

スノーボードがすべてだった切断から間もない頃、山本はなぜパラリンピックにスノーボード競技がないのだと嘆いたものだった。

「パラリンピックにスノボがあったら、俺絶対優勝できるのに」

義足でゲレンデを颯爽と滑り降りる山本の姿を見たことのある友人たちもそれには同意していた。それから月日が流れ、2014年ソチパラリンピックにスノーボード競技が新種目として加わった。ソチでは男女のスノーボードクロス2種目だけだったこの競技に、2018年のピョンチャンではバンクドスラロームも加わることになっている。

スノーボード競技がさらに多くの障がいのクラスに対しても開かれることとなった。まだ一

第14章
トウキョウへ向けて動き出す

度もスノーボードの国際大会に出たことのない山本は、世界における自分の実力は未知数だとしながらも、その語りぶりにはなかなかの自信をのぞかせる。

「俺、これ行けなかったらショック。行けるだけの技術は持っているつもりだよ」

そしてこの新たなチャレンジの裏には、リオパラリンピックで熱しつつあるパラリンピックへの関心を2020年東京に向けて持続し、そしてさらに高めていくために、自ら一役買って出ようという山本のショーマン精神も働いている。

「リオが終わって、メダル獲って、ここで沈んじゃいけない」

自分の強さもわからない、未開の地での挑戦が幕を開けようとしている。

「何かを一生懸命頑張っていると、誰かが手助けしてくれる。自分がこうしようって発言すると、実際やるかってなったとき、まわりもみんな動いてくれる」

山本の人生は不思議とそんなふうに事が運んできた。彼は決して人に媚《こ》びたりしない。それなのになぜかいつも人に好かれる。

「人に好かれるのは得意だから。天性の才能だよ。足切ったことで美化されてるし、何がいいのかわからないけどさ」

そう言っていたずらっぽく笑う。

山本が何かをやろうとするとき、まわりの人々はその潜在的なパワーに無意識のうちに反応して巻き込まれてしまう。それで私もうっかりこの本を書くことに同意してしまったのだろう。

だから、山本篤が思い描くような素晴らしいパラスポーツの大会が近い未来に必ず実現する。

あとがき

2015年、テレビ局の仕事で初めてパラ陸上を取材することになった私は、自宅のあるロンドンからドーハへ向かう飛行機の中で慌ただしく注目選手のプロフィールに目を通していた。

当時、パラ陸上のことは何も知らず、限られた時間で初めて名前を聞く選手たちの基本情報を頭に叩き込もうと必死になっていた。その資料の一つに載っていたサングラスをかけて走る山本選手の写真がなぜか強く印象に残ったことを覚えている。

ドーハでは、主に海外選手を中心に取材する役回りだったが、走り幅跳びT42をたまたま最前列で見ていた私は、初めて見る山本選手のジャンプの美しい迫力に魅了された。ミックスゾーンと呼ばれるメディアが選手にインタビューできるエリアにいた私の前を、たった今世界一になったブレード・ジャンパーが通ったとき、彼にインタビューしないという選択肢はなかった。

その2日後、客席スタンドで声をかけてきた山本選手は私が海外に住んでいることにとても興味を持っているようだった。本文でも触れた彼の海外志向を考えれば容易に想像できるだろう。あるいは、テレビ局の取材ブログに「山本選手かっこいい」と連発していたのにおだてられてだったのかもしれない。それから大会期間中何度か話す機会があり、初めて知り合いになった義足のアスリートが、自分の歩んできた人生について発した言葉のいくつかが心のどこかに引っかかっていた。

ドーハ大会での取材を終えてロンドンに戻った私のところに、山本選手から電話がかかってきた。

「俺の本書いてくれない？　なんでも話せそうな気がするんだよね」

私は今まで本を書いたことはない。

「私なんかでいいんですか？」

「いいよ」

山本選手とは年齢も一つ違い。何度か電話やメッセージのやりとりをしているうちに彼の考え方に共感を覚えた私は、興味本位に本を書くための取材をすることに同意した。

一冊の本を書き上げられる自信も、本を出す保証をしてくれる出版社もなかったが、それから1ヶ月もしないうちに気付けば、日本の地に降り立っていた。彼の活躍を長年追いかけてきた他のジャーナリストの方たちとは違い、このとき彼について私が持ち合わせていた情報はA4の紙一枚に書き切れてしまう程度のものだった。

山本選手とともに新幹線に乗り、東京、掛川、名古屋、大阪と彼の人生に影響を与えた大切な人々に会いに行く取材ツアーを敢行した。忙しい中、時間を割いて取材に応じてくださった、岡部敏幸先生、駒井和知さん、伊藤章教授、そして山本選手のご両親である山本道治さんと鈴子さんにこの場を借りてお礼を申し上げる。また、文体の都合上本文中での敬称を略させていただいたことをお許しいただきたい。

わずかな時間だったが、彼の人生を可能な限り見たいと、自宅のクローゼットや冷蔵庫の中まで引っ掻き回した。私は取材相手のすべてを知りたいと思っていたが、正直言うと一つだけ向き合うのを躊躇ったものがある。実は、彼の断端を見るのが怖かったのだ。彼のことを可哀想な人だと思ったことは一度もない。しかし、初めてソケットを外して断端を見せられたとき、私はなぜかそれを直視することができなかった。

人生を変えてしまうような出来事は、なんの前触れもなくやってくるものなのかもしれない。当初彼について私が知りたかったことは2つあった。一つは、自分の体の一部を失うというのがどういうことなのか、そしてもう一つは些細な出来事が運命を変えてしまうとき、人はどうやってそこから前に進めるのかということだ。山本選手が私に話してくれたことは、予想していた答えのどれとも違っていたように思う。

私の解釈はこうだ。「人間は思うよりも楽観的にできていて、何かを失うことはそれほど悲哀に満ちたことではない。いつしかそれを持っていたことも忘れ、失われたものに取って代わる新しい何かが心を満たしてくれるようになる。逆境から立ち上がらなくてはとあがくようなとき、いかにそれを乗り切るかを考えるよりも、自分を突き動かすポジティブな衝動に身を任せて動いてみるほうが賢い。何かワクワクするような、興奮するようなものにフォーカスしているとき、その些細な出来事は逆境ですらない」

大好きなものに無邪気に熱中して上だけを目指しているときこそ、人は無敵なのだと彼に出会って知った。そのことに気付いたとき、彼の物語は切断の悲劇から立ち直った青年のストーリーとして描かれるべきではなく、科学や技術、コミュニケーション能力といったあらゆる術を使い世界の頂点に立つことだけを目指す一流のアスリートの姿として書かなければならないと思った。

この本のために1万キロの距離を超えて山本選手と話すようになってから、私自身の中で様々なもののイメージが変わった。マネキンの足が外れたような少し気味の悪いイメージだった「義足」は、最新テクノロジーが駆使されたカーボンのブレードというかっこいいイメージに塗り替えられていた。福祉や慈善の色を強く帯びていた「パラスポーツ」は、今や多くのビジネスチャンスを秘めたスピーディーで未来的な新興スポーツとして映る。だから私は、もう彼の断端を見るのも、義足を見るのも怖くないのだ。

そして、パラスポーツには様々なあり方が可能だということにも気付いた。マルクス・レーム選手が健常者の大会に出ようとしていることを初めて知ったとき、私はなんの迷いもなく彼は出場を認可されるべきだと思っていた。でも、山本選手や他の選手たち、パラリンピック関係者と議論をするようになって、パラアスリートが健常者と同じ土俵で戦うことが唯一のパラスポーツのあり方ではないことを理解するようになった。技術と人間の身体能力の両方を競う新しいスポーツとして、義足の陸上を見ることの面白さを知るようになったからだ。

リオパラリンピックまでの約1年にわたり取材という形で山本選手を応援するうちに、いつしか彼の内的強さと厳しさを共有するようになっていたのかもしれない。

リオ大会で金メダルを逃した彼がミックスゾーンに現れたとき私は思わず、「あーあ。世界一になるはずじゃなかったんですか？」と冷たくも厳しい言葉を発してしまった。矜持を持って競技に臨む彼に、妥協を強いる慰めの言葉をかける気は毛頭起こらなかった。

それにはもちろん、本書が出版されるかどうかが彼のメダルの色にかかっていたこともある。だが一ファンとしてリオで金メダルを獲るのは絶対に山本篤だと私は信じていたのだと思う。彼の物語はリオでクライマックスを迎え、必ずハッピーエンドになるのだと。

でも、その銀メダルのおかげで、彼の物語は続いていくことになった。私の中では、彼がパラリンピックで世界の頂点に立つシーンが彼のストーリーの終幕だからである。私たちの誰もが、至高の目標達成を夢見ながら日々目下の課題と格闘している。彼の歩んできたここまでの道のりを今辿ってみることは、そんな私たちに現実的な問題解決のヒントをふんだんに与えてくれる。少なくとも私にとってはそうだ。そして彼自身も世界一になることを目指して今まさに戦っているのである。

リオでのメダルの色が金でなかったにもかかわらず、また、パラリンピック関連の本の売れ行きがよくないことを承知でこの本の出版を決断してくださった東洋館出版社の方々に感謝の意を表する。

２０２０年東京パラリンピックが史上最も成功した大会と呼ばれるように、そこで繰り広げられるパラスポーツが山本選手の思い描くような「かっこいい」スペクテータースポーツとなっているように、メディアで働く者の一人として私自身も一端を担えればと願う。まあ、山本篤に巻き込まれた以上、おそらく何もしないという選択肢はないだろう。

２０１７年６月　鈴木　祐子

山本 篤（やまもと あつし）
1982年4月19日、静岡県生まれ。陸上競技選手。T42クラス／スズキ浜松AC所属。2000年3月、高校2年のときに起こしたバイク事故のため左足を大腿部で切断。高校卒業後に陸上競技を始める。2004年、大阪体育大学入学。2008年、スズキ株式会社入社。同年、北京パラリンピックで100mと走り幅跳びに出場し、走り幅跳びで銀メダルを獲得。2012年のロンドンパラリンピックでは、100mと200m、走り幅跳びに出場。惜しくもメダルは逃すが、2013年のIPC陸上競技世界選手権大会では走り幅跳びで金メダルを獲得。翌2014年のアジアパラ競技大会では100m、走り幅跳び、4×100mリレーで金メダルを獲得する。2015年のIPC陸上競技世界選手権大会でも走り幅跳びで金メダルに輝き2連覇を達成。2016年の日本パラ陸上競技選手権大会では走り幅跳びで6m56の世界新記録を樹立。同年、リオデジャネイロパラリンピックに出場。走り幅跳びで銀メダル、4×100mリレーで銅メダルを獲得。

［著者略歴］
鈴木 祐子（すずき ゆうこ）
ロンドンを拠点に活動するジャーナリスト、ディレクター、リポーター。京都大学卒業後、英国に渡りインペリアル・カレッジ・ロンドンで理学修士号を取得する。F1チームと番組制作会社でのキャリアを経て、2013年フリーに転身。現在は国際的なスポーツイベントやヨーロッパに関する主題を扱いながらテレビ番組や雑誌、ウェブメディアのための制作・取材を行っている。NHKの『ワールドスポーツMLB』に現地リポーターとして出演中、また『フットボールの母国巡礼の旅』はワールドサッカーダイジェストにて好評連載中。
公式ウェブサイト　www.yuko.tv

カバー写真　AFP＝時事

写真提供　オットーボック社
パシフィックサプライ株式会社
（オズール社 義肢部門日本総代理店）

義足のアスリート 山本篤

2017（平成29）年 8 月10日　初版第1刷発行

著者　鈴木 祐子
発行者　錦織 圭之介
発行所　株式会社 東洋館出版社
〒113-0021　東京都文京区本駒込5-16-7
営業部　TEL 03-3823-9206／FAX 03-3823-9208
編集部　TEL 03-3823-9207／FAX 03-3823-9209
振替　00180-7-96823
URL　http://www.toyokan.co.jp

装幀　水戸部 功
印刷・製本　藤原印刷株式会社

ISBN978-4-491-03382-2 / Printed in Japan